E. SCHMITT

Membre de la Commission chargée par M. le Ministre de l'Instruction publique d'études scolaires
dans les pays scandinaves et en Allemagne, en 1882;
Lauréat du Congrès international de l'Enseignement primaire à l'Exposition de 1889;
Ancien Directeur d'École publique à Paris, Officier d'académie.

NOUVELLE
MÉTHODE DE LECTURE

MÉTHODE GRADUÉE

A l'usage des Familles, des Écoles maternelles et des Écoles primaires

Une seule difficulté par Leçon.

ÉCRITURE — ORTHOGRAPHE — LEÇONS DE CHOSES — RÉDACTION

*L'enfant naît avec le goût d'observer
et de connaître.*
GRÉARD.

Livre du Maître

Comprenant, selon l'ordre des leçons et des numéros, le *nom avec notice* des sujets représentés
par les 1340 gravures des trois Livrets de l'Élève.

Ouvrage inscrit sur la Liste des livres adoptés
pour les Écoles de la Ville de Paris.

DÉPOT LÉGAL
N° 1495
1900

PARIS

LIBRAIRIE CLASSIQUE A. JEANDÉ

74, RUE DE RENNES, 74

1900
Tous droits réservés.

PLAN DE LA NOUVELLE MÉTHODE

Cette nouvelle méthode, à l'usage des Écoles maternelles, des divisons élémentaires de l'École primaire et des familles, offre les innovations suivantes :

1° Les leçons sont rigoureusement graduées ;

2° Chaque leçon ne présente qu'une seule difficulté nouvelle, combinée avec les éléments déjà étudiés. Cette innovation n'est possible qu'avec le plan que nous avons adopté ; elle est de nature à encourager vivement le jeune enfant dans l'étude, toujours si aride, du mécanisme de la lecture ;

3° Tous les éléments fantaisistes ou compliqués ont été écartés ;

4° Chaque élément, étudié d'abord isolément, trouve son application dans un ou plusieurs noms de la leçon : (**gue**, dogue ; **pin**, pince ; **tim**, timbale) ;

5° Pour éviter la confusion dans l'esprit de l'enfant, un intervalle, plus ou moins considérable, existe entre l'étude des mêmes lettres ou groupes de lettres, produisant des sons différents : (**ga** et **ge**; **co** et **ci**; **ment**, à la partie finale de noms ou d'averbes, et **ment** ou **ent** à la fin des verbes) ;

6° La nouvelle difficulté est présentée par une syllabe faisant partie du nom d'un animal figuré en tête de la leçon. Pour les deux premiers livrets, cette syllabe se trouve **toujours** à la partie *initiale* et pour le troisième, à la partie *finale* du nom : Ier LIVRET, **ti** gre ; IIe LIVRET, **per** roquet ; IIIe LIVRET, gre **nouille** ;

7° Le texte des leçons de lecture se rapporte à des objets représentés par des gravures ;

8° Le nom de l'objet représenté est souligné dans le texte ;

9° Chaque dessin porte un numéro qui permet au maître, à la maîtresse ou à la mère de famille, de vérifier si l'enfant connaît l'objet ou l'animal dont il est question dans la leçon de lecture ;

10° Sous chaque gravure l'enfant ne voit que la *lettre initiale du nom*, accompagnée d'un nombre de points égal au nombre de lettres qu'il faut ajouter pour compléter ce nom.

Cette disposition offre plusieurs avantages : 1° elle oblige l'enfant à accorder toute son attention aux explications données, s'il veut connaître, d'une manière précise, le nom de l'objet représenté ; 2° elle permet au maître ou à la maîtresse de faire copier, après la lecture et la leçon de choses, la nomenclature des noms se rapportant à cette leçon, et de

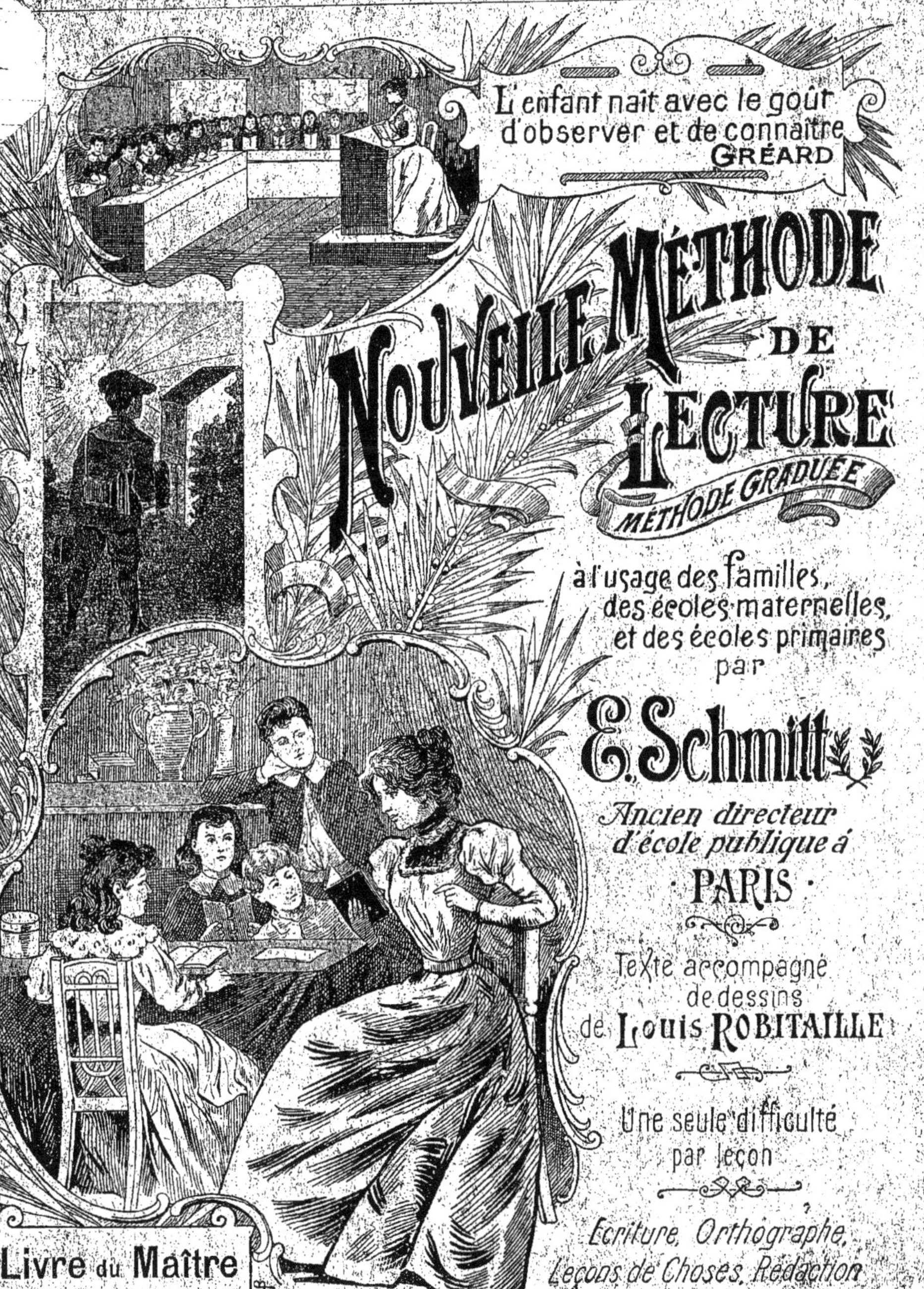

Nouvelle Méthode de Lecture

MÉTHODE GRADUÉE

à l'usage des familles,
des écoles maternelles,
et des écoles primaires
par

E. Schmitt

Ancien directeur
d'école publique à
· PARIS ·

Texte accompagné
de dessins
de Louis ROBITAILLE

Une seule difficulté
par leçon

Écriture, Orthographe,
Leçons de Choses, Rédaction

Livre du Maître

Contenant les Noms avec Notices des sujets représentés dans les trois livrets de l'Élève.

s'occuper pendant ce temps, d'une autre division. Cet avantage est précieux, surtout dans les *Écoles rurales*.

———

Les mots du texte ayant leurs syllabes séparées typographiquement, dans les deux premiers livrets, ainsi que dans le troisième jusqu'à la 15ᵉ leçon, il nous a paru logique de n'employer qu'à partir de cette dernière leçon les lettres **y** et **s** *placées dans le corps d'un mot entre deux voyelles*. Dans ces conditions l'**y** a la valeur de **deux i** et l'**s** produit le son adouci du **z**, ce qui les rend dépendantes de deux syllabes successives.

———

Les 1 340 gravures des trois livrets de lecture, ne portant, comme indication sommaire, que la lettre initiale du nom des objets ou des animaux représentés, l'auteur a jugé nécessaire la rédaction d'un petit lexique destiné à faciliter la tâche des maîtres, des maîtresses et des mères de famille.

Nous avons fait suivre chaque leçon de lecture du Premier livret de quelques lignes d'écriture, en harmonie avec la leçon de lecture même. Nous estimons que le jeune commençant ne doit écrire que les mots qu'il peut lire tout en les écrivant.

D'après les principes exposés plus haut, il est facile de conclure : 1° qu'il est essentiel de ne passer à une leçon nouvelle que lorsque la précédente a été sue et écrite *sans aucune hésitation ;* 2° que toute leçon nouvelle *doit commencer* par une leçon de choses sur le nom de l'animal représenté en tête de la page ; 3° qu'il faut surtout attirer l'attention de l'enfant sur la *syllabe mise en relief* au commencement ou à la fin de ce nom ; lui faire écrire, au tableau noir, sous les différentes formes indiquées, l'élément nouveau : *ain, ein, aim, in, im,* etc.

Le maître et la maîtresse doivent, à notre avis, être autorisés, par leurs chefs, à se servir d'une méthode quelconque, selon leur appréciation personnelle, selon leur tempérament particulier; des résultats sérieux ne sont possibles que lorsque toute liberté d'action leur est laissée à ce sujet. Il faut que l'éducateur puisse se mouvoir librement dans le cercle qui lui est tracé.

Nous allons donner un exemple des interrogations qui peuvent être faites à l'aide de la gravure placée en tête de la leçon. Cet exemple, mieux que toute explication détaillée, donne une idée de l'attrait que pourront trouver dans ces exercices les jeunes enfants, qui, comme l'a dit un homme éminent, *naissent avec le goût d'observer et de connaître.*

Ajoutons que nous sommes d'avis de permettre à l'enfant de colorier, à sa guise, les gravures qu'il a à sa disposition. Cette distraction est capable de développer son sentiment de l'esthétique, très rudimentaire, et de préciser la netteté de ses connaissances. Le papier dont nous nous servons permet l'emploi, non seulement des crayons de couleur et de pastel, mais même des couleurs à l'eau.

Exemple des questions que l'on peut adresser aux élèves, au sujet des gravures.

1er LIVRET (3e Leçon). — Gravure en tête de la leçon : **éléphant.**

Le maître s'adresse à un seul élève, et a soin d'interroger le plus d'élèves possible. Quelquefois, selon le cas, il provoquera des réponses d'ensemble.

M. Quel est cet animal? — *E.* Cet animal est un éléphant.

M. Combien l'éléphant a-t-il de pieds? — *E.* L'éléphant a quatre pieds.

M. Comment sont appelés les animaux qui ont quatre pieds? — *E.* Les animaux qui ont quatre pieds sont appelés *quadrupèdes.*

M. Que remarquez-vous à un éléphant? — *E.* A un éléphant je remarque : quatre gros pieds, une petite queue, deux grandes oreilles, deux longues dents, un grand nez, deux petits yeux.

M. Comment est appelé le nez de l'éléphant? — *E.* Le nez de l'éléphant est appelé trompe.

M. A quoi sert la trompe de l'éléphant? — *E.* La trompe de l'éléphant sert de bras et de mains.

M. Présentez à l'éléphant du pain, des carottes, des navets, des pommes, etc., il se sert de sa trompe pour porter les aliments à sa bouche, qui, ouverte, semble être un immense gouffre.

M. Comment sont appelées les grosses dents de l'éléphant? — *E.* Les grosses dents de l'éléphant sont appelées *défenses.*

M. Dans l'industrie, on utilise ces défenses qui donnent l'ivoire, cette substance blanche et veinée, fine, que l'on emploie pour la fabrication d'une grande quantité d'objets sculptés ou tournés.

Explication au sujet de la syllabe en relief du nom de l'animal.

M. Quelle est la première syllabe du mot éléphant? — *E.* La 1re syllabe du mot éléphant est **é.**

M. Le petit trait sur e s'appelle accent aigu; il se dirige de droite à gauche et donne à l'e le son qu'il a dans le nom **éléphant.**

M. Il y a un assemblage d'autres lettres qui se prononcent aussi **é**; ce sont **ai et et.**

M. Jules, allez au tableau et écrivez le son é avec une seule lettre. — Jules écrit é; — avec deux lettres dont la première est un a. — Jules écrit **ai**; — avec deux lettres dont la 1re est un e. — Jules écrit : **et.**

1er LIVRET (5e Leçon). — Gravures se rapportant au texte.

N° **1**. — *M.* Que représente le N° **1**? — *E.* Le N° **1** représente une yole.

M. Qu'est-ce qu'une yole? — *E.* Une yole est une petite barque.

M. Oui, la yole est une petite barque, une petite embarcation étroite, légère, très longue et qui peut marcher sur l'eau très rapidement. Son modèle nous vient de la Suède, une contrée du Nord de l'Europe.

M. Connaissez-vous le nom d'autres embarcations petites ou grandes? — *E.* Le canot, la périssoire, le bac, le bateau à vapeur, le remorqueur, le torpilleur, etc.

N° **2.** — *M.* Que représente le N° **2**? — *E.* Le N° **2** représente une île.

M. Qu'est-ce qu'une île? — *E.* Une île est une terre entourée d'eau de tous côtés.

M. Que remarquez-vous sur l'île représentée? — *E.* Sur l'île représentée je remarque des arbres.

M. Il y a des îles où l'on voit des maisons; il y a même de grandes îles où sont construites de belles villes, de nombreux villages, où l'on trouve de grandes plaines, des fleuves, des rivières, des montagnes, etc.

M. Connaissez-vous des îles? — *M.* L'île de Corse, de Sardaigne, la Sicile, l'Angleterre avec l'Écosse, l'Irlande, l'Islande, Madagascar, l'Australie.

N° **3.** — *M.* Que représente le N° **3**? — *E.* Le N° **3** représente une aile.

M. Qu'appelle-t-on aile? — *E.* On appelle aile une partie de l'oiseau qui sert à voler.

M. Oui, c'est un membre de l'oiseau qui lui sert à se soutenir et à se déplacer dans l'air. Il y a d'autres êtres qui ont des ailes; des insectes et des mammifères.

M. Connaissez-vous des insectes avec des ailes? — *E.* Les abeilles, les hannetons, les xylocopes (insecte déjà vu), les frelons.

M. Connaissez-vous un mammifère avec des ailes? — *E.* La chauve-souris.

N° **4.** — *M.* Que représente le N° **4**? — *E.* Le N° **4** représente une iule.

M. Qu'est ce qu'une iule? — *E.* L'iule est un insecte.

M. L'iule est un insecte de la classe des myriapodes, c'est-à-dire des insectes qui ont dix mille pieds. On l'appelle vulgairement mille-pieds. On rencontre ces insectes dans les lieux humides, dans les bois, sous la mousse. On les trouve aussi roulés dans les sablonnières. Ils ne sont pas rares dans les environs de Paris. Ils répandent une odeur désagréable. L'iule est d'un brun noirâtre et mesure environ 4 centimètres de longueur.

M. Dites ensemble le nom de chacun des numéros. — N° **1**, la *Yole*; — N° **2**, l'*Ile*; — N° **3**, l'*Aile*; — N° **4**, l'*Iule*. — Eugène, répétez ces noms.

On pourra remarquer, dans la suite, que nous avons cherché à former, le plus tôt possible, de petites phrases ayant un sens complet.

LEXIQUE

PREMIER LIVRET

1ʳᵉ Leçon. — Étude des voyelles.

abeille ou mouche à miel, insecte qui produit du miel et de la cire.

œufs. Masse formée d'un globe jaune enveloppé de matière albumineuse, et renfermée dans une coque de matière calcaire.

ibis. Oiseau échassier à bec long et fort; détruit les reptiles qui infestent les bords du Nil. Les Égyptiens adoraient l'ibis.

yole. Petite embarcation étroite et légère, très longue et très rapide, d'origine suédoise.

oreille. Organe de l'ouïe, placé de chaque côté de la tête (oreille externe, moyenne et interne, pavillon de l'oreille).

usine. Fabrique dont le produit est obtenu par des machines plus que par le travail des ouvriers (moulin, forge, filature).

2ᵉ Leçon. — Étude des consonnes.

belette. Petit quadrupède de 0ᵐ,15 à 0ᵐ,20 de longueur, de couleur fauve; est la terreur des basses-cours et des pigeonniers.

canard. Oiseau à corps gros, à pattes palmées courtes; se distingue par une démarche lourde, un plumage brillant; fait entendre un cri particulièrement désagréable.

dé. Morceau d'os ou d'ivoire, de figure cubique, marqué d'un nombre de points différent sur chaque face; sert pour le jeu.

fenêtre. Ouverture ménagée dans le mur d'une construction, pour introduire l'air et la lumière à l'intérieur.

gamelle. Écuelle de bois ou de fer-blanc servant à contenir la nourriture des soldats et des matelots.

hache. Instrument de fer tranchant, dont on se sert pour fendre ou pour couper du bois.

jalousie. Claie formée de baguettes minces ou de lamelles placées horizontalement et qui permet de voir à travers sans être vu.

képi. Genre de coiffure avec visière, portée par certains corps de troupes.

levier. Barre longue, inflexible, fixe dans un point de son étendue, appelé point d'appui, destinée à soulever une masse.

melon. Gros fruit d'un goût agréable, juteux et sucré, produit par une plante du même nom.

nœud. Enlacement d'une corde, d'un ruban, etc., dont on passe les bouts l'un dans l'autre en les serrant.

pelote. Coussinet, très souvent orné, dans lequel on pique des épingles et des aiguilles.

quenouille. Sorte de canne, de bâton, le plus souvent tourné, dont l'extrémité est destinée à recevoir du chanvre, du lin, de la soie, etc.

revolver. Sorte de pistolet à un seul canon, avec lequel on peut tirer plusieurs coups sans recharger.

sofa. Espèce de lit de repos à dossier et à coussins, recouvert généralement d'un tissu algérien.

tabouret. Petit siège à quatre pieds qui n'a ni bras ni dos.

vélocipède. Appareil à deux roues, pour se transporter, au moyen d'un mécanisme mis en mouvement par les pieds.

xylocope ou perce-bois, insecte violet un peu plus gros que l'abeille, qui creuse le bois sous l'écorce des arbres et se sert de la râpure pour établir des cloisons dans les vides qu'il a produits.

zèbre. A la forme d'un petit cheval; se distingue par des rayures régulières, blanches et noires; on le rencontre dans le sud de l'Afrique et en Abyssinie.

3ᵉ Leçon. — Son é.

éléphant. Grand et gros quadrupède; se distingue par sa trompe et ses défenses. On rencontre cet animal en Afrique et dans l'Inde.

4ᵉ Leçon. — Son è.

eider. Variété de canard sauvage qui habite les rochers baignés par la mer sur les côtes d'Irlande, du Groënland, de la Laponie, de la Suède (édredon).

5ᵉ Leçon. — *l*, suivi d'une voyelle.

lama. Quadrupède ruminant du Pérou et d'autres parties de l'Amérique méridionale; transporte des fardeaux; a l'air d'un petit chameau sans bosse.

1. yole. Petite embarcation étroite et légère, très longue et très rapide, d'origine suédoise.

2. île. Est une terre entourée d'eau de tous les côtés.

3. ailé. Membre qui sert aux oiseaux à voler, ainsi qu'à des insectes et à des mammifères qui se soutiennent dans l'air.

4. iule. Insecte de la classe des myriapodes; aime les lieux humides; se rencontre sous la mousse, dans les sablonnières; commun en Europe, surtout dans les environs de Paris.

6ᵉ Leçon. — *b*, suivi d'une voyelle.

boa. Énorme serpent non venimeux; atteint jusqu'à 15 mètres de longueur, et étouffe les gazelles, les chèvres, les cerfs. On le trouve en Amérique.

1. balai. Ustensile de ménage, fait de menues tiges ou de crin; sert à nettoyer les appartements.

2. baba. Pâtisserie plus haute que large, dans laquelle sont mêlés des raisins de Corinthe.

3. baie de l'île. Est une partie de mer qui s'avance dans les terres de l'île.

4. boa. Énorme serpent qui étouffe sa proie, lorsqu'elle est de forte taille, en l'entraînant contre un arbre; il reste immobile lorsqu'il fait sa digestion.

7ᵉ Leçon. — *c, suivi de a, o, u.*

caméléon. Ressemble au lézard ; sa langue, presque aussi longue que son corps, est terminée par un tubercule visqueux qui recueille les insectes.

1. **écu.** Figure en forme de bouclier, en pierre, en bois ou en métal, sur laquelle sont sculptées, peintes ou gravées, des armoiries de familles ou de villes.

2. **école.** Établissement où l'on apprend aux enfants à lire, à écrire, à calculer et à acquérir d'autres connaissances.

3. **cube.** Solide à six faces, qui sont des carrés égaux ; le dé a la forme d'un cube.

4. **cacao.** Sorte d'amande, renfermée dans une capsule, qui forme la base du chocolat ; fruit du cacaotier.

8ᵉ Leçon. — *d, suivi d'une voyelle.*

dogue. Gros chien de garde à nez écrasé et à lèvres pendantes ; de forme pesante, d'intelligence bornée et d'une fidélité remarquable.

1. **dé.** Petit instrument creux de métal ou d'ivoire, qu'on met au bout du troisième doigt pour pousser l'aiguille.

2. **idole.** Figure ou statue représentant une divinité, et exposée à l'adoration.

3. **dé.** Petit cube d'os ou d'ivoire, portant sur chaque face un nombre différent de points et servant au jeu.

4. **duo.** Morceau chanté ou joué par deux personnes.

9ᵉ Leçon. — *f, suivi d'une voyelle.*

furet. Petit animal du genre des martres, dont on se sert pour la chasse aux lapins de garenne.

1. **fiole.** Petit flacon de verre à col étroit.

2. **fa, la, do, fa.** Notes de la gamme ; *fa* placé entre 1ʳᵉ et 2ᵉ lignes ; *la* entre 2ᵉ et 3ᵉ ; *do* entre 3ᵉ et 4ᵉ ; *fa* sur la 5ᵉ ligne.

3. **café.** Graine du caféier, originaire de l'Arabie d'où la graine se répandit dans différents pays ; boisson tonique et excitante.

4. **foliole.** Chacune des petites feuilles qui forment une feuille composée (acacia, marronnier, etc.).

10ᵉ Leçon. — *g, suivi de a, o, u.*

gazelle. Quadrupède ruminant du genre des antilopes, de forme svelte et gracieuse, avec des jambes très fines, un regard doux ; habite l'Afrique.

1. **bague.** Anneau que l'on met au doigt ; généralement travaillé avec art, ou garni d'une pierre précieuse.

2. **digue.** Levée en terre ou en maçonnerie pour contenir les eaux.

3. **dague.** Espèce de poignard qui se porte dans plusieurs pays, pendu à la ceinture, du côté droit.

4. **gui.** Plante parasite qui naît sur les branches de différents arbres ; gui du chêne, druides.

5. **bogue.** Enveloppe de la châtaigne ou du marron, garnie de piquants.

6. **figue.** Fruit du figuier ; le figuier croît spontanément dans les régions chaudes de l'Asie et de l'Afrique, et dans le midi de l'Europe.

7. **dogue.** Gros chien de garde à tête ronde, à nez écrasé, et à lèvres pendantes ; fortement musclé ; très fidèle ; a peu de flair ; est très attaché à son maître.

8. **gué.** Endroit d'une rivière où l'eau est si basse qu'on peut la passer facilement.

11ᵉ Leçon. — *h, suivi d'une voyelle.*

hibou. Oiseau de proie nocturne ; a une taille de 35 centimètres ; se retire dans les cavernes, les creux des arbres ; commun en Europe.

1. **hie.** Billot de bois, qui sert à enfoncer les pavés ou les pilotis.

2. **halo.** Cercle brillant, et ordinairement coloré, qu'on aperçoit quelquefois autour du soleil, de la lune et des planètes.

3. **haie.** Clôture faite d'arbustes ou d'épines entrelacées.

4. **haha.** Partie d'un mur de jardin ou de parc remplacée par un fossé infranchissable ; sert à faire voir l'intérieur de la propriété.

12ᵉ Leçon. — *j, suivi d'une voyelle.*

jaguar ou tigre d'Amérique, quadrupède du genre chat, dont la peau est mouchetée comme celle des léopards et des panthères.

1. **jale.** Grande jatte en bois ou en terre cuite, faite au tour à bois ou à potier.

2. **jade de la bague.** Pierre compacte, tenace, qui raye le verre et même le quartz : nous vient de l'Inde ou de l'Amérique, des bords du fleuve des Amazones. Les Orientaux en font des amulettes.

3. **jujube.** Fruit du jujubier ; est verdâtre et blanchâtre ; a la forme d'une grosse olive ; le jujubier est originaire de l'Orient ; a été naturalisé en Italie et dans le midi de la France.

4. **jacobée.** Nom vulgaire et spécifique du séneçon jacobée ; plante indigène, qui passe pour vulnéraire et astringente.

13ᵉ Leçon. — *k, suivi d'une voyelle.*

kakatoès. Sorte de perroquet remarquable par une huppe de plumes jaunes, rouges ou blanches qui se couche ou se redresse au gré de l'oiseau ; originaire des Indes, de la Nouvelle-Hollande ; on en trouve une espèce en Afrique.

1. **coke.** Résidu de la distillation de la houille dont on a retiré le gaz d'éclairage.

2. **1 kilo** ou kilogramme, poids de dix hectogrammes, de cent décagrammes, de mille grammes.

3. **kali.** Espèce de soude qui croît abondamment, et sans culture, au bord de la mer, surtout au sud de la France et en Espagne.

4. **guide kabyle.** Nom de la population berbère qui occupe l'Afrique du Nord, la Kabylie.

14ᵉ Leçon. — *m, suivi d'une voyelle.*

marabout. Oiseau recherché pour ses plumes : peut-être domestiqué ; vit à l'embouchure des fleuves de l'Inde.

1. **locomobile.** Machine à vapeur placée sur un train de voiture et qui peut être changée de place.

2. **dôme.** Construction en forme de demi-sphère creuse, surmontée d'un campanile terminé en pointe : surmonte un édifice.

3. **momie.** Corps d'anciens Égyptiens conservés au moyen de matières balsamiques et entourés d'étroites bandelettes (Musées).

4. **lama.** Quadrupède ruminant du Pérou, de la Bolivie, du Chili et d'autres parties de l'Amérique ; il est plus petit que le chameau et vit dans les montagnes ; sert à porter des charges.

15ᵉ Leçon. — *n, suivi d'une voyelle.*

nid. Petit logement que se fait l'oiseau pour pondre, faire éclore les œufs et élever ses petits ; nids faits avec art.

1. **bobine.** Petit cylindre de bois à rebords, servant à dévider du fil, de la soie ou du fil de fer.

2. **cône.** Solide à base circulaire et terminé en pointe (pain de sucre).

3. **domino.** Jeu composé de 28 pièces plates, d'os ou d'ivoire, recouvertes de bois noir en dessous et marquées en dessus de points noirs.

4. **lune.** Satellite qui tourne autour de la terre, et qui l'éclaire la nuit ; montagnes, vallées remarquées à l'aide d'un fort télescope.

5. **demi-lune.** La lune cachée, en partie, par l'interposition de la terre, entre cette planète et le soleil.

6. **anémone.** Zoophyte qu'on voit paraître sur les rochers où sur le sable par un temps serein; ressemble à la fleur de co nom, une espèce de renoncule.

7. **faîne.** Fruit du hêtre; on extrait de son amande une huile de très bonne qualité.

8. **liane.** Plante sarmenteuse ou grimpante de proportions considérables des Antilles, des îles Mascareignes; le lierre, les clématites, les ronces.

9. **badiane.** Fleur aromatique d'un grand arbre du Japon et de la Chine, appelée aussi anis étoilé.

10. **baleine.** Mammifère de l'ordre des cétacés, atteint jusqu'à 15 mètres de longueur; fréquentait autrefois les côtes de la Manche; on la rencontre en Islande.

11. **âne.** Bête de somme du genre cheval, à longues oreilles; est très répandu dans tous les pays; a le trot dur et saccadé.

12. **hyène.** Quadrupède sauvage et nocturne de l'Asie et de l'Afrique, très carnassier; déterre les cadavres dans les cimetières.

16ᵉ Leçon. — *p*, suivi d'une voyelle.

pigeon. Oiseau de basse-cour qu'on élève dans un colombier; pigeons voyageurs, pigeons de volière, pigeons ramiers.

1. **canapé.** Grand siège à dossier où plusieurs personnes peuvent s'asseoir et qui peut aussi servir de lit de repos.

2. **piano.** Instrument de musique à clavier, dont on peut renforcer et adoucir le son à volonté.

3. **guêpe.** Genre d'insecte ressemblant à l'abeille; est armé d'un aiguillon au moyen duquel il fait des piqûres plus dangereuses que celles des abeilles.

4. **pie.** Oiseau à plumage blanc et noir, à longue queue; est de la famille des corbeaux; oiseau plus utile que nuisible.

17ᵉ Leçon. — *qu*, suivi d'une voyelle.

queue de paon. Queue d'un oiseau domestique d'un beau plumage et qui a une aigrette sur la tête; le paon fait la roue.

1. **pique.** Arme formée d'un long bois garni d'un fer plat et pointu.

2. **manique.** Espèce de gant dont se servent certains ouvriers pour protéger leurs doigts; cordonnier, sellier.

3. **abaque.** Partie supérieure du chapiteau d'une colonne, sur laquelle porte l'architrave ou entablement.

4. **quai.** Emplacement, dans un embarcadère de chemin de fer, où circulent les voyageurs, et où les employés déposent les marchandises.

18ᵉ Leçon. — *r*, suivi d'une voyelle.

renard. Quadrupède carnassier, à longue queue, à museau effilé, du genre chien; est la terreur du poulailler et des garennes.

1. **râpe.** Ustensile fait d'une plaque de métal hérissée d'aspérités, qui sert à mettre en poudre du sucre, du raifort, la croûte de pain, etc.

2. **pèlerine.** Ajustement de femme en forme de grand collet rabattu.

3. **romaine.** Balance qui consiste en un fléau gradué et divisé en deux bras inégaux.

4. **carafe.** Sorte de bouteille en verre blanc ou en cristal dans laquelle on sert ordinairement de l'eau.

5. **calorifère.** Appareil pour produire et distribuer la chaleur dans une maison.

6. **aiguière.** Vase de forme élégante où l'on met de l'eau pour divers usages.

7. **mire.** Tige graduée le long de laquelle glisse un plateau carré de bois ou de tôle peint de deux couleurs; sert pour le nivellement.

8. **rapière.** Épée longue et affilée, munie d'une coquille hémisphérique, pour arrêter la pointe de l'épée de l'adversaire.

9. **lyre.** Instrument de musique à cordes, en usage parmi les anciens.

10. **do, ré, mi, fa.** Notes de la gamme; *do* entre 3ᵉ et 4ᵉ lignes; *ré* sur la 4ᵉ ligne; *mi* entre 4ᵉ et 5ᵉ lignes; *fa* sur la 5ᵉ ligne.

11. **pirogue.** Embarcation longue, légère, rapide, dont se servent les naturels des pays peu civilisés; faite généralement d'un tronc d'arbre creusé.

12. **rame.** Longue pièce de bois en forme de palette à une extrémité; sert à faire marcher une embarcation.

13. **pyramide.** Nom donné à de grands monuments à quatre faces triangulaires, qui se réunissent au sommet; pyramides d'Égypte.

14. **rai.** Pièce de bois qui se trouve entre le moyeu et les jantes d'une roue; rais ou rayons.

15. **mûre de haie.** Mûre sauvage, fruit des ronces; a une saveur douce et agréable; on en fait une boisson et un sirop.

16. **hure.** Tête de sanglier quand elle est détachée du corps de la bête; on dit aussi la hure d'un cochon, d'un saumon, d'un brochet.

17. **raie.** Poisson de mer plat et cartilagineux; pond des œufs grands comme ceux de poule, de forme carrée à angles allongés; habite l'Océan.

18. **râle.** Oiseau échassier qui aime les régions aquatiques; bec épais, ailes petites, marche d'une manière très rapide.

19. **canari.** Serin jaune des îles Canaries; très bon chanteur; a une voix étendue et un timbre clair; le croisement avec d'autres oiseaux produit des mulets.

20. **lyre.** Oiseau chanteur, un peu moins gros que le faisan; a les plumes de la queue en forme de lyre; on le rencontre en Australie.

19ᵉ Leçon. — *s*, suivi d'une voyelle.

sarigue. Animal mammifère, originaire de l'Amérique; a sous le ventre une espèce de poche où s'abritent ses petits.

1. **salière.** Ustensile en bois, quelquefois ornementé, destiné à recevoir du sel.

2. **sébile.** Écuelle de bois ronde et creuse; généralement faite au tour.

3. **sofa.** Espèce de lit de repos à dossier et à coussins, recouvert généralement d'un tissu algérien.

4. **do, ré, mi, fa, la, si, do.** Notes de la gamme; la entre la 2ᵉ et 3ᵉ ligne; si sur la 3ᵉ ligne; do entre la 3ᵉ et la 4ᵉ ligne.

5. **sirène.** Être fabuleux, moitié femme, moitié poisson, qui, par son chant, attirait les voyageurs dans les écueils de la mer de Sicile, où ils périssaient.

6. **silique.** Capsule sèche à deux lobes qui renferme de la graine de chou, de navet, de colza, etc.

7. **saponaire.** Vulgairement savonnière, plante dont on fait bouillir les feuilles dans l'eau pour nettoyer les lainages.

8. **séné.** Petit arbuste qui croît dans la Haute-Égypte, l'Arabie et la Syrie; les follicules de séné servent à composer un purgatif.

9. **sycomore.** Nom vulgaire et spécifique du figuier sycomore; on donne à tort ce nom à l'érable faux platane; produit des fleurs en grappes, de couleur bleuâtre.

10. **silure.** Poisson qui a la nageoire pectorale armée d'une forte épine, arme dangereuse; habite des lacs de Suisse, de Russie, de Prusse, ainsi que le Danube.

11. **sole.** Poisson de mer, plat et presque ovale, à museau long; abonde dans la Méditerranée; on en rencontre aussi dans l'Océan et la Baltique.

12. **sarigue.** Animal mammifère, originaire de l'Amérique, a sous le ventre une espèce de poche où se réfugient ses petits.

20ᵉ Leçon. — *t*, suivi d'une voyelle.

tigre. Bête féroce de l'Asie, dont le poil est rayé; il guette sa proie dans les roseaux et bondit sur elle comme le chat sur la souris.

1. toque. Coiffure portée par les juges et les avocats, les professeurs de facultés ; faite en laine avec bordure variée.

2. tirelire. Boîte en bois ou en métal qui porte, à la partie supérieure, une fente par où l'on fait entrer des pièces de monnaie.

3. tunique. Vêtement de dessus ajusté à la taille, avec des pans partant de ce point.

4. capote. Vêtement de dessus, en tissu de laine, à l'usage des soldats.

5. mitaine. Gant sans séparation pour les quatre doigts, avec une séparation pour le pouce ; laisse voir la plus grande partie des doigts.

6. tube. Tuyau par où l'air, les fluides et les liquides peuvent avoir une issue ; tubes en verre, plomb, fer.

7. pâté. Pâtisserie qui renferme de la chair ou du poisson et dont la croûte présente des dessins variés.

8. guitare. Instrument à musique, à six cordes et à manche, divisé en demi-tons par des touchettes ; on pince de la guitare.

9. pelote. Coussinet, très souvent orné, dans lequel on pique des épingles, des aiguilles.

10. patère. Ornement en cuivre, en bois ou autre matière, dont on se sert pour soutenir des draperies ou pour suspendre des objets d'habillement.

11. ratière. Boîte avec piège pour prendre les rats ; on y place du pain, un morceau de lard ou d'autres matières dont le rat est friand.

12. tarare. Van mécanique et cribleur ; machine servant à nettoyer le blé d'une manière plus rapide qu'avec le van ordinaire.

13. comète. Astre qui porte une chevelure lumineuse, et qui décrit autour du soleil des orbes extrêmement allongés.

14. étui. Sorte de boîte disposée de façon que l'objet qu'il doit renfermer se trouve étroitement serré ; étui de porte-cigare.

15. cafetière. Vase de poterie ou de métal qui sert à faire le café ou à contenir le café préparé.

16. guérite. Petit logement de bois ou de pierre, rond ou carré, qui sert de retraite aux sentinelles.

17. litière. Lit couvert reposant sur deux brancards ; espèce de chaise à porteur.

18. cariatide. Figure sculptée d'homme ou de femme, qui supporte une corniche.

19. tomate. Fruit d'un rouge vif, en forme de pomme ; originaire de l'Amérique tropicale ; sert à faire des sauces ; se mange cuite et crue.

20. tulipe. Plante de la famille des liliacées ; fort belle fleur de couleur variée et de très belle forme ; croît spontanément à Nice, en Calabre, etc.

21ᵉ Leçon. — *v*, suivi d'une voyelle.

vache. De la race bovine ; très utile pour le lait qu'elle donne ; sa peau et sa chair sont également utilisées.

1. volume. Feuillets imprimés, réunis et reliés, sous une couverture ; anciennement feuilles roulées autour d'un bâtonnet.

2. lavabo. Meuble de toilette pour se laver ; garni d'une cuvette, d'un pot à eau, de flacons, d'un verre, de brosse à dents, etc.

3. virole. Petit cercle de métal qu'on place autour du manche de couteau pour retenir la lame ; autour d'une canne, etc.

4. avenue. Allée d'arbres en ligne droite ; la perspective fait paraître l'allée se rétrécissant à mesure qu'elle s'éloigne.

5. cave (fioles). Caisse à compartiments, garnie de carafons et de verres à liqueur.

6. cuve. Grand vaisseau de bois qui n'a de fond que d'un côté ; composé de douves retenues à l'aide de cercles de bois ou de fer ; cuves pour la fermentation du raisin.

7. volière. Grande cage à plusieurs séparations, pour y loger différentes sortes d'oiseaux.

8. ove. Ornement taillé en forme d'œuf dans les travaux d'architecture, d'orfèvrerie, etc.

9. rivure. Broche de fer qui entre dans les charnières des fiches pour en joindre les deux ailes.

10. javeline. Espèce de dard long et mince, du genre des lances employées dans l'armée.

11. solive. Pièce de charpente qui soutient les planchers et qui repose sur les murs et les poutres.

12. locomotive. Machine qui opère la traction des trains sur les chemins de fer ou sur des routes ordinaires.

13. cave. Construction sous terre, destinée à loger le vin et autres provisions ; toute espèce de réduit souterrain.

14. rivière. Cours d'eau, navigable ou non, qui se jette ordinairement dans un fleuve ; ruisseau, rivière, fleuve.

15. rave. Racine potagère, renflée et allongée, dont une autre variété est le radis.

16. vague. Masse d'eau de la mer, qui est agitée et soulevée par les vents ou par une autre impulsion.

17. volute. Ornement, en forme de spirale, d'un chapiteau de colonne ionique, corinthienne ou composite.

18. vipère. Appelée aspic dans plusieurs cantons de France ; reptile dont la morsure est venimeuse.

19. vote. Le votant donne son bulletin de vote au président qui jette le papier plié dans l'urne.

20. caravane. Troupe de voyageurs qui traversent le désert avec des chameaux ou des dromadaires chargés de marchandises.

22ᵉ Leçon. — *x*, suivi d'une voyelle.

xylocope ou perce-bois, insecte violet, qui forme des cavités sous l'écorce des arbres, et se sert de la râpure pour établir des cloisons dans les creux qu'il a faits.

1. axe. Ligne droite, réelle ou imaginaire, qui passe ou est censée passer, par le centre d'un corps auquel elle sert d'essieu.

2. boxe. Consiste à se battre à coups de poings, suivant les règles de la boxe.

3. rixe. Querelle accompagnée d'injures, de menaces et quelquefois de coups donnés avec des armes.

4. xylocope ou perce-bois, insecte violet un peu plus gros que l'abeille qui creuse le bois sous l'écorce des arbres, et se sert de la râpure pour établir des cloisons dans les cavités produites.

23ᵉ Leçon. — *z*, suivi d'une voyelle.

zèbre. A la forme d'un petit cheval ; se distingue par des rayures régulières blanches et noires ; on le rencontre dans le sud de l'Afrique et dans les montagnes de l'Abyssinie.

1. zagaie. Espèce de javelot, aigu et dentelé, dont se servent la plupart des peuplades sauvages de l'Afrique.

2. zibeline. Espèce de martre à poil très fin, noir en hiver ; est très recherchée pour sa fourrure ; vit dans le nord de l'Europe et de l'Asie.

3. zébu. Nom vulgaire du bœuf indien qui a sur le garrot une bosse charnue ; les uns ont des cornes, les autres en sont privés.

4. amazone. Femme qui monte à cheval ; nom de la robe portée par la femme montant à cheval.

24ᵉ Leçon. — *ch*, suivi d'une voyelle.

chameau. Quadrupède ruminant, haut de jambes, qui a le cou fort long et une bosse sur le dos : habite le Turkestan, le Thibet et le sud de la Chine.

1. galoche. Chaussure de bois, garnie au cou-de-pied d'une lanière de cuir appelée bride.

2. sacoche. Sac de toile forte ou de peau, avec fermeture, dans lequel les employés de commerce ou de banque mettent les espèces qu'ils recouvrent.

3. pioche. Instrument composé d'un manche et d'un fer terminé, d'un côté, par un pic, et de l'autre, par un fer de houe.

4. hache. Instrument de fer tranchant dont on se sert pour fendre ou pour couper le bois.

5. chope. Gobelet à anse, en verre fort, destiné à contenir de la bière.

6. gâche. Pièce de fer, coudée à angle droit, dans laquelle entre le pêne de la serrure d'une porte.

7. chaîne. Lien composé d'anneaux passés les uns dans les autres.

8. cheminée. Endroit, dans une chambre, disposé pour servir de foyer, et communiquant, au dehors, par un conduit qui donne issue à la fumée.

9. mèche. Cordon de coton placé au centre des bougies, que l'on allume et qui s'imprègne de la cire ou de la stéarine liquéfiées par la chaleur.

10. bâche. Caisse en bois ou en pierre, ordinairement vitrée, pour mettre les plantes à l'abri et faire venir les primeurs.

11. bêche. Instrument de jardinage composé d'un fer aplati et tranchant, et d'un manche droit.

12. parachute. Machine adaptée aux aérostats, qui présente, par son déploiement, une résistance à l'air et rend la chute inoffensive.

13. chaire. Siège élevé d'où un prédicateur ou un professeur parle à son auditoire.

14. calèche. Voiture à ressorts et à quatre roues, fort légère, et ordinairement découverte sur le devant.

15. ruche. Demeure où les abeilles vivent et font le miel; il y en a de formes très différentes; on doit les placer à l'abri du vent.

16. niche. Cabane portative dans laquelle le chien se retire et se couche.

17. chêne. Grand arbre forestier d'un bois fort dur et dont le fruit s'appelle gland; chêne-liège, bouchons.

18. sèche. Poisson de mer, de la classe des mollusques; a deux longs bras; possède une glande qui produit un liquide d'un brun noir nommé encre de la sèche ou sépia.

19. caniche. Chien mouton, a une tête ronde, des oreilles pendantes, l'œil plein de douceur, et est d'une intelligence extraordinaire.

20. vache. Quadrupède domestique, très utile à l'homme qui se sert de son lait, de sa peau et de sa chair.

25ᵉ Leçon. — c, suivi de e, i, y.

civette. Quadrupède carnivore dont on tire une matière grasse d'une odeur forte appelée civette employée en parfumerie. Régions chaudes de l'Afrique et de l'Asie.

1. vélocipède. Appareil à deux roues pour se transporter rapidement; le propulseur est mis en activité par les pieds du vélocipédiste.

2. civière. Brancard pour porter des fardeaux; a quatre bras et est porté par deux hommes.

3. caducée. Symbole de paix; consistait en une branche de laurier ou d'olivier surmontée de deux ailes et entourée de serpents; attribut de Mercure.

4. cigare. Petit rouleau de feuilles de tabac que l'on fume.

5. calice. Enveloppe extérieure des fleurs; le calice représenté comprend six sépales.

6. capucine. Plante d'ornement potagère à saveur âcre et piquante; on confit ses boutons et ses fruits verts dans du vinaigre; appelée aussi cresson du Pérou.

7. ciguë. Genre de plantes ombellifères comme le persil, et dont une espèce, la grande ciguë, est très vénéneuse.

8. cinéraire. Genre de plantes du cap de Bonne-Espérance dont les feuilles sont d'un gris de cendre; sa fleur, cultivée dans nos jardins, est très belle et variée.

9. puce. Insecte qui vit sur le corps de l'homme et d'un grand nombre d'animaux.

10. alucite. Insecte gris jaune; sa chenille pénètre dans le grain de blé, ronge la farine, et sort du grain sous forme de papillon après avoir passé par l'état de chrysalide; c'est un fléau pour l'agriculture.

11. limace. Mollusque rampant et sans coquille; cause des dégâts considérables dans nos jardins et dans nos champs.

12. cigale. Insectes ailés, au chant aigu et monotone; on les trouve sur les arbres et les arbustes dont ils sucent la sève.

26ᵉ Leçon. — g, suivi de e, i, y.

girafe. Quadrupède ruminant de l'Afrique, de taille très élevée, d'un naturel doux, quoique sauvage; a une robe tachetée.

1. cage. Loge grillée, souvent de forme élégante, pour enfermer les oiseaux; est faite ordinairement en fil de fer.

2. étagère. Meuble formé de deux montants, d'un fond et de tablettes placées par étage.

3. gibecière. Sac fait ordinairement de peau dans lequel les chasseurs renferment leurs munitions, ou placent le gibier.

4. siège de la calèche. Endroit de la calèche où le cocher est assis pour conduire les chevaux.

5. piège. Machine munie de ressorts, pour prendre certains animaux; on met généralement des appâts aux pièges.

6. ogive. Arêtes saillantes et arquées qui, en se croisant, forment un angle au sommet d'une voûte, d'une porte, d'une fenêtre du style ogival.

7. digitale. Plante herbacée dont les fleurs ont, en général, la forme d'un doigt de gant; ses feuilles sont employées en médecine.

8. geai. Oiseau de la famille des corbeaux, d'un plumage varié et auquel on peut apprendre à parler; se nourrit de glands, de noix, de noisettes, de faînes; en été, d'insectes, de vers, de fruits, etc.

9. gypaète. Sorte de vautour; a un bec fort, des griffes puissantes et des ailes longues; niche dans les rochers, et attaque agneaux, chèvres, chamois; lorsqu'ils broutent sur un précipice, le gypaète les bat de ses ailes et les y fait tomber.

10. girafe. Quadrupède ruminant de taille très élevée, d'un caractère doux, quoique sauvage; on la rencontre seulement en Afrique.

11. patinage. Action de patiner sur la glace; exercice très hygiénique; on se sert souvent de patins.

12. vigie. Matelot placé en sentinelle au haut d'un mât pour explorer la mer.

27ᵉ Leçon.

Nom des objets figurant dans le texte de la leçon.

balai — pelote — jale — aiguière — baba — volume — lyre — guérite — pyramide — dôme — toque — guitare — parachute — locomotive — locomobile — calèche — ruche — vague — figue — tulipe — gui — vipère — limace — hure — niche du caniche — baleine — âne — amazone — vélocipède — cigale.

DEUXIÈME LIVRET

4ᵉ Leçon. — au, eau.

autruche. Le plus gros des oiseaux connus; incapable de voler parce qu'il n'a que des ailes rudimentaires; les autruches vivent en troupes dans les déserts de l'Arabie et de l'Afrique.

1. **chapeau.** Coiffure d'homme, ordinairement d'étoffe foulée ou de tresse de paille, avec des bords de même matière.
2. **bureau.** Meuble devant lequel on trouve assis l'élève lorsqu'il écrit ou étudie.
3. **gâteau.** Pâtisserie faite avec de la farine, du beurre et des œufs, et à laquelle on donne différentes formes.
4. **automobile.** Voiture à traction mécanique, à quatre roues; la machine est mise en action par le pétrole, l'électricité ou la vapeur d'eau.
5. **étau.** Instrument au moyen duquel le serrurier et le mécanicien fixent des pièces qu'ils veulent travailler.
6. **chapiteau.** La partie supérieure d'une colonne qui pose sur le fût (dorique, ionique, corinthien).
7. **auge.** Vaisseau de bois dans lequel les maçons délayent le plâtre. Vaisseau en métal placé sous la meule.
8. **râteau.** Instrument de jardinage, à dents de fer ou de bois; sert à enlever les mauvaises herbes arrachées dans les jardins ou dans les champs; à retourner le foin.
9. **seau.** Vaisseau en bois ou en zinc; sert à puiser et à porter de l'eau.
10. **caniveau.** Pierre creusée dans le milieu pour faire écouler l'eau.
11. **niveau d'eau.** Long tube de cuivre terminé par deux tuyaux de verre qui se relèvent à angle droit et dans lesquels l'eau se maintient au même niveau.
12. **bateau.** Sorte de grande barque mue par la vapeur et destinée à transporter les voyageurs et les marchandises.
13. **chéneau.** Conduit en bois ou en métal qui reçoit les eaux du toit et les porte vers le tuyau de descente.
14. **radeau.** Assemblage de pièces de bois formant une espèce de plancher sur l'eau; train de bois sur une rivière.
15. **chaumière.** Maison des champs couverte en chaume.
16. **château.** Grande et belle maison de plaisance à la campagne, avec ou sans propriété.
17. **maquereau.** Poisson de mer tacheté de vives couleurs où la teinte bleuâtre domine; vit dans l'océan Atlantique.
18. **taupe.** Mammifère carnassier insectivore; a une tête conique, de très petits yeux; c'est avec son nez que la taupe creuse ses galeries: cet animal qui détruit les vers blancs est plus utile que nuisible.
19. **veau.** Nom du petit de la vache pendant la première année.
20. **chameau.** Quadrupède ruminant, haut de jambes, qui a le cou fort long et deux bosses sur le dos; est originaire du centre de l'Asie.

5ᵉ Leçon. — eu, œ, œu.

meute. Troupe de chiens dressée pour la grande chasse; le premier chien de l'équipage est appelé limier de la meute.

1. **meule.** Roue de grès placée au-dessus d'une auge et mue par une manivelle ou une pédale; sert à aiguiser, user, polir.
2. **épieu.** Bâton d'un mètre et demi environ de longueur, garni par le bout d'un fer large et pointu et qui sert à la chasse au sanglier.

3. **meule.** Monceau de fourrage ou de paille, établi dans les champs, faute de place dans la ferme ou la maison.
4. **meute.** Troupe de chiens dressée pour la grande chasse; le premier chien de l'équipage est appelé limier de la meute.

6ᵉ Leçon. — oi, oie.

oie. Espèce d'oiseau aquatique plus gros et plus grand que le canard; est farouche même en domesticité; a une ouïe très fine; produit un duvet recherché.

1. **boîte.** Coffret de bois, de carton ou de métal, portant un couvercle.
2. **voile.** Toile forte que l'on attache aux vergues d'un mât pour recevoir le vent.
3. **voiture de malade.** Voiture à trois roues, légère et douce, portant un mécanisme qui permet au malade de la diriger.
4. **étoile.** Astres que l'on aperçoit la nuit en immense quantité et qui ont une lumière plus ou moins vive; ornement d'architecture.
5. **poireau.** Plante potagère dont le bulbe avec la partie blanche des feuilles entre dans les potages comme assaisonnement.
6. **poire.** Fruit à pépins de forme oblongue et plus grosse à la partie inférieure; on en fait des poires tapées, du résiné et du cidre appelé poiré.
7. **moineau.** Petit oiseau au plumage gris, au bec conique, aux mouvements vifs; est d'une grande voracité et aime le voisinage des maisons; oiseau utile quoiqu'il dérobe quelques grains de la moisson.
8. **oie.** Espèce d'oiseau aquatique plus gros et plus grand que le canard; est farouche même en domesticité; a l'ouïe très fine; produit un duvet recherché.

7ᵉ Leçon. — ou.

outarde. Oiseau de l'ordre des échassiers; se rapproche de l'autruche par la disposition de ses pieds et son port lourd.

1. **babouche.** Sorte de pantoufle en cuir de couleur, sans quartier et sans talon; cette forme nous est venue du Levant.
2. **soupière.** Vase large, avec pied et couvercle, dans lequel on sert la soupe.
3. **coupe.** Sorte de vase à boire, à pied, et plus large que profond.
4. **boule.** Corps rond en tous ses sens; tous les points extérieurs sont également distants d'un point intérieur appelé centre.
5. **toupie.** Jouet de bois en forme de poire auquel on imprime, à l'aide d'une cordelette, un mouvement de rotation sur sa pointe de fer.
6. **rouleau.** Cylindre tournant autour d'un axe qui sert à niveler le terrain; le cylindre très lourd sert à écraser les pierres sur les routes.
7. **roue.** Machine de forme circulaire, qui, en tournant sur son essieu, fait mouvoir une voiture; roue hydraulique du moulin.
8. **poulie.** Roue de bois dur ou de métal, creusée d'une gorge à sa circonférence, pour recevoir une corde, et tournant sur son axe.
9. **bouée.** Cône creux, flottant sur l'eau pour indiquer un écueil en mer ou un obstacle dans les fleuves.

10. **couteau**. Instrument tranchant composé d'une lame et d'un manche.
11. **coupé**. Sorte de carrosse dont la caisse n'a qu'un fond (coupé de diligence, de vagon).
12. **mouche**. Insectes importuns à deux ailes dont les espèces sont fort répandues; la mouche commune est longue de 0ᵐ,007 environ.
13. **moule**. Mollusque bivalve, acéphale, dont l'espèce comestible vit fixée aux rochers des côtes maritimes (Normandie, Bretagne).
14. **gobe-mouche**. Oiseau de l'ordre des passereaux, qui se nourrit principalement de mouches; vit sur les arbres élevés et aime la solitude; arrive en France au printemps.
15. **hibou**. Oiseau de proie nocturne; porte sur le front deux aigrettes qu'il relève à volonté; très commun en France; habite des cavernes, des troncs d'arbres, des murs en ruines.
16. **coucou**. Oiseau dont le chant monotone se fait entendre dans nos bois; dépose ses œufs dans les nids des autres oiseaux; donne lieu à de nombreux préjugés.
17. **poule**. Oiseau de basse-cour dont les œufs et la chair sont recherchés; poules de Crèvecœur, de Houdan, du Mans, de la Bresse.
18. **tatou**. Animal du Brésil, de la grandeur d'un cochon de lait; a le museau et le corps couverts d'une peau écailleuse en forme de cuirasse.
19. **fouine**. Nom vulgaire de la martre du hêtre; a la taille d'un jeune chat; vit solitaire; se couche le jour et sort la nuit pour ravager les poulaillers.
20. **agouti**. Quadrupède de l'ordre des rongeurs qui a l'apparence d'un lapin; on le trouve aux Antilles et dans l'Amérique méridionale.

8ᵉ Leçon. — an, am, en, em.

antilope. Genre de mammifères à cornes creuses, non caduques; a une taille fine et svelte; animal timide, paisible et sociable; on le rencontre dans toutes les parties du monde.
1. **manche**. Partie du vêtement qui couvre le bras.
2. **sandale**. Espèce de chaussure ne couvrant le dessus du pied qu'avec des lanières; on s'en servait dans l'antiquité.
3. **pendule**. Horloge portative à ressort, qu'on place sur une cheminée ou sur un meuble; un pendule ou balancier en règle le mouvement.
4. **lampe**. Ustensile qui renferme une mèche et un liquide combustible pour éclairer.
5. **divan**. Sorte de sofa, de canapé sans dossier et sans bras.
6. **balance**. Instrument composé de deux plateaux reposant sur un fléau et destiné à faire connaître le poids d'un corps.
7. **tente**. Pavillon de grosse toile, que l'on dresse en campagne pour se mettre à l'abri des injures du temps.
8. **palan**. Combinaison de deux poulies et de cordages, pour mouvoir de pesants fardeaux.
9. **yatagan**. Arme d'estoc et de taille dont le tranchant affecte une forme convexe; en usage chez les Turcs et les Arabes.
10. **mandoline**. Petit instrument de musique à cordes, ressemblant au luth et qui se pince avec une plume.
11. **rampe**. Balustrade à hauteur d'appui qui règne le long d'un escalier; la rampe conduit d'un palier à l'autre.
12. **landau**. Sorte de voiture à quatre roues, dont le dessus est formé de deux soufflets qui se replient à volonté.
13. **diligence**. Voiture publique pour voyageurs, en usage dans les régions non desservies par des chemins de fer.
14. **jambière**. Espèce de guêtre dont on s'enveloppe les jambes; facilite la marche ou garantit le bas des jambes.
15. **banderole**. Espèce de flamme large, longue et fendue, dont on pare les navires aux jours de combat et de fête.
16. **orange**. Fruit à pépins d'un jaune doré et qui renferme du jus sucré ou acide; on utilise l'écorce du fruit (Midi de la France).
17. **pélican**. Oiseau aquatique, de la famille des palmipèdes, dont l'œsophage forme une poche; on le rencontre dans l'est de l'Europe, en Afrique et en Amérique; il tombe comme une flèche sur sa proie.
18. **toucan**. Gros et bel oiseau du Brésil, dont les couleurs sont d'une variété admirable; a un bec presque aussi long que le corps.

19. **caïman**. Nom donné à une espèce de crocodile par les nègres de Guinée; a un museau large, obtus; on le rencontre dans l'Amérique méridionale.
20. **kangourou**. Animal de l'ordre des marsupiaux; a les membres postérieurs allongés et destinés au saut plus qu'à la marche; originaire de la Nouvelle-Hollande.

9ᵉ Leçon. — in, im, ain, aim, ein.

pintade. Genre de gallinacés à tête nue, à queue courte, à pieds sans éperons, à plumage gris bleuâtre, et semé de taches blanches; originaire de l'Afrique.
1. **pain**. Aliment fait de farine, pétrie et cuite (pain de munition, pain d'épice, etc.).
2. **redingote**. Vêtement différant de l'habit parce que les pans de la jupe y sont entiers, tandis que ceux de l'habit sont coupés sur le devant.
3. **patin**. Espèce de semelle garnie de fer par-dessous pour glisser sur la glace; chaussure d'hiver à semelle épaisse.
4. **pince**. Instrument dont on se sert dans diverses opérations, pour saisir, attirer ou fixer certaines parties.
5. **pinceau**. Touffe de poils fortement pincés par un fil ou par une ficelle et qui sert à étendre de la couleur ou de la colle.
6. **coin**. Instrument de fer taillé en angle, dont on se sert pour fendre du bois.
7. **palanquin**. Sorte de chaise à porteur, dans laquelle les riches Hindous se font porter sur les épaules de leurs serviteurs.
8. **bouquin**. Trompe recourbée, faite quelquefois d'une corne de bouc.
9. **timbale**. Caisse de cuivre à l'usage de la cavalerie; a la forme d'un demi-globe, et est couverte d'une peau tendue, sur laquelle on frappe.
10. **moulin**. Machine servant à réduire les grains en farine et mue par le vent; moulin à eau, à vapeur; moulin à café.
11. **sapin**. Grand arbre résineux et toujours vert; les plus grands sapins se trouvent dans le nord de l'Europe, dans les Pyrénées, dans les Alpes et dans les Vosges.
12. **pingouin**. Oiseau qui a les ailes très courtes, le bec comprimé; habite les mers du Nord, vient nicher jusqu'en Normandie.
13. **serin**. Oiseau chanteur; a le plumage olivâtre dessus, jaunâtre dessous; il est tacheté de brun avec une bande jaune sur l'aile; on le trouve dans le midi de la France jusqu'en Bourgogne.
14. **pintade**. Genre de gallinacés à tête nue, à queue courte, à plumage gris bleuâtre, semé de taches blanches; originaire de l'Afrique.
15. **lapin**. Petit animal quadrupède domestique, de l'ordre des rongeurs, à longues oreilles et au pelage de couleurs diverses; on élève les lapins dans des clapiers.
16. **bouquetin**. Espèce de chèvre sauvage; a le pelage d'un gris brunâtre, avec une raie noire sur le dos; on le rencontre dans toutes les grandes montagnes de l'Europe.
17. **pangolin**. Genre de mammifères écailleux des Indes et de l'Amérique, de la famille des tatous et des fourmiliers.
18. **singe**. Nom général des animaux de l'ordre des quadrumanes; animal très imitateur; plusieurs espèces: chimpanzé, orang-outang, gorille, sapajou, sagouin, macaque, magot, mandril, ouistiti.
19. **main**. Partie du corps humain qui termine le bras et qui sert à la préhension et au toucher.
20. **invalide**. Homme de guerre que l'âge ou les blessures ont rendu incapable de servir.

10ᵉ Leçon. — on, om.

once ou once-chat, espèce de jaguar qui a des taches inégales en partie échancrées et annelées; est long d'un mètre; on le rencontre en Perse; grimpe aux arbres avec une facilité extrême.
1. **bidon**. Vase portatif en fer-blanc propre à contenir de l'eau ou tout autre liquide; corruption de bedon, gros ventre.

2. guéridon. Table ronde qui n'a qu'un pied, et sur laquelle on place des flambeaux, des porcelaines, etc.

3. carafon. Sorte de bouteille en verre ou en cristal à étroit goulot, plus petite que la carafe.

4. violon. Instrument de musique à quatre cordes accordées de quinte en quinte et dont on joue avec un archet.

5. canon. Pièce d'artillerie pour lancer des boulets ; canon de 8, canon lançant des boulets de 8 livres.

6. donjon. Grosse tour crénelée, isolée, ou ajoutée à un château fort qu'elle domine.

7. fontaine. Édifice public qui distribue l'eau d'une manière continue.

8. pompe. Machine aspirante et foulante, garnie d'un long tuyau pour l'extinction des incendies.

9. vagon. Voiture employée dans les trains de chemin de fer, soit pour les voyageurs, soit pour les marchandises.

10. tampon. Têtes munies de ressorts dont chaque vagon est pourvu pour amortir le choc.

11. tombereau. Charrette à deux roues, entourée de planches, servant à transporter de la terre, du sable, des pierres, etc.

12. gondole. Petit navire long et plat dont les bouts se relèvent ; est en usage principalement à Venise.

13. melon. Fruit juteux et sucré, produit par une plante à tige rampante, de la famille des cucurbitacées.

14. caméléon. Espèce de lézard auquel on attribue la faculté de changer de couleur selon les objets qui l'environnent ; son corps est pour ainsi dire transparent dans certaines circonstances.

15. héron. Grand oiseau de l'ordre des échassiers, qui a le bec fort long et les jambes très hautes ; on le trouve en Europe ; reste des heures entières au bord de l'eau, sur une jambe.

16. pigeon. Oiseau de basse-cour qu'on élève dans un colombier ; a des ailes longues et un plumage de couleurs variées ; pigeon ramier, voyageur, biset.

17. dindon. Gros oiseau de basse-cour, de l'ordre des gallinacés ; les dindons sauvages vivent par groupes de plusieurs centaines dans les forêts de l'Amérique du Nord.

18. cochon d'Inde ou cobaye, de l'ordre des rongeurs est originaire du Brésil ; on le nourrit avec toutes sortes d'herbes et de fruits, du son, de la farine, du pain. Il aime le persil et ne boit jamais.

19. mouton. Quadrupède de l'ordre des ruminants recherché pour sa laine et sa chair ; est doux en domesticité ; mais est loin d'avoir ce caractère inoffensif à l'état sauvage.

20. lion. Quadrupède carnassier qui habite principalement l'Afrique et l'Asie Mineure ; porte une longue crinière ; son rugissement dans le désert ressemble au bruit du tonnerre ; sa démarche est lente, grave et fière ; on le chasse pour sa peau.

11ᵉ Leçon. Consonnes suivies de *l*.

flamant. Oiseau de l'ordre des échassiers, ainsi nommé à cause de son plumage rouge feu ; on le rencontre dans l'Europe méridionale et en Afrique.

1. table. Meuble composé d'un plateau de bois reposant sur quatre pieds ; le plateau peut être carré, rond, ovale, etc.

2. glace. Plaque de verre ou de cristal, dont un côté est couvert d'une feuille de tain, mélange d'étain et de mercure.

3. flèche. Tige de bois armée d'un fer aigu, qu'on lance avec un arc ou une arbalète.

4. clou. Sorte de petite cheville de fer ou d'autre métal composée de trois parties : tige, tête et pointe.

5. boucle. Cadre de métal avec un ou plusieurs ardillons destinés à arrêter le tissu ou le cuir d'une lanière.

6. clé. Instrument en fer, servant à ouvrir ou à fermer une serrure ; il y a des clés plus ou moins compliquées.

7. cible. Planche noircie portant, au centre, des cercles blancs et noirs, servant de but pour le tir avec l'arc ou avec des armes à feu.

8. plane. Outil tranchant à deux poignées dont on se sert pour unir le bois (charrons, tonneliers, etc.).

9. enclume. Masse d'acier sur laquelle on forge le fer et les autres métaux.

10. bugle. Instrument de musique à vent, en forme de clairon à plusieurs tubes et à clés.

11. globe ou boule, corps sphérique ou à peu près sphérique ; globe terrestre.

12. câble. Grosse corde destinée principalement à retenir les bateaux, les ancres (câble télégraphique).

13. clairon. Instrument de musique à vent, à son clair et perçant, employé principalement dans l'armée.

14. cloche. Instrument d'airain, creux, évasé, dont on tire les sons au moyen d'un battant mobile placé au milieu.

15. claie. Treillage en bois servant de clôture aux propriétés.

16. plume. Production qui couvre le corps des oiseaux et qui se compose d'un tuyau garni de barbes.

17. houblon. Plante grimpante dont la fleur, appelée cône, est employée dans la fabrication de la bière.

18. aigle. Un des plus grands et le plus puissant de tous les oiseaux de proie ; il dédaigne les petits animaux ; son nid, appelé aire, est construit sur des rochers élevés ; l'aigle enlève des moutons et jusqu'à des enfants.

19. plongeon. Oiseau aquatique qui plonge souvent ; a une longueur de 0 ᵐ. 80, habite le nord de l'Europe.

20. mouflon. Espèce de mouton sauvage ; habite les montagnes de la Corse, de la Sardaigne, de la Crète, de Chypre, de la Turquie d'Europe et du midi de l'Espagne ; il a environ 1 ᵐ. 15 de longueur.

12ᵉ Leçon. — Consonnes suivies de *r*.

dromadaire. Espèce de chameau à une seule bosse ; originaire de l'Arabie ; est répandu vers le nord de l'Afrique où il rend de grands services aux indigènes.

1. guêtre. Partie de vêtement qui sert à couvrir le bas de jambe et le dessus du soulier ; se ferme sur le côté.

2. cravate. Morceau d'étoffe légère qui se met autour du cou ; cravate de commandeur.

3. cruche. Vase à anse, à large ventre et à col étroit.

4. candélabre. Grand chandelier à plusieurs branches garnies de bougies.

5. ancre. Instrument de fer à deux crochets solides qu'on laisse tomber au fond de la mer pour fixer un navire.

6. timbre. Marque imprimée par l'État que l'on applique sur les lettres pour les envoyer franco.

7. fenêtre. Ouverture ménagée dans le mur pour donner du jour et de l'air dans l'intérieur d'une construction.

8. sabre. Arme d'estoc et de taille, dont la lame présente une courbure convexe du côté du tranchant.

9. drapeau. Pièce d'étoffe de différentes couleurs, munie d'inscriptions, placée au bout d'une lance, et servant à distinguer les nations ; salut au drapeau lorsque la classe quitte le régiment : scène touchante.

10. montre. Petite horloge qui se porte ordinairement dans une poche destinée à cet usage.

11. crabe. Crustacé décapode ; a deux pinces arrondies ; atteint jusqu'à 0 ᵐ. 30 de longueur ; très commun sur les côtes de l'Atlantique, plus rare dans la Méditerranée.

12. frelon. Nom vulgaire de la guêpe-frelon ; le frelon est l'ennemi de la guêpe qu'il tue sans pitié ; le nid des frelons a une forme arrondie.

13. autruche. Le plus gros de tous les oiseaux connus, incapable de voler parce qu'il n'a que des ailes rudimentaires ; ces oiseaux vivent en troupeaux dans les déserts de l'Afrique et de l'Arabie.

14. frégate. Oiseau de mer des tropiques, qui vole fort loin des terres ; est de la grosseur d'une poule ; son envergure dépasse 2 mètres.

15. lièvre. Quadrupède sauvage de l'ordre des rongeurs ; très léger à la course et fort timide ; on le chasse comme gibier ; les lièvres les plus savoureux sont ceux des coteaux secs.

16. chèvre. Animal très agile, aimant les sites variés, bords des précipices, rochers escarpés ; leur physionomie est fine et leur regard vif.

17. dromadaire. Espèce de chameau à une seule bosse, originaire de l'Arabie ; est répandu dans le nord de l'Afrique où il rend de grands services aux indigènes.

18. tigre. Bête féroce, dont le poil est rayé, et qui est de la race des chats ; il habite l'Asie, se déplace très rapidement ; est la terreur des Indiens.

19. **nègre**. Habitant noir de l'Afrique, de la Guinée, de la Sénégambie, de la Cafrerie, etc.; c'est l'influence du climat qui semble donner à la peau du nègre la coloration noire.
20. **peintre**. Couvre les murs, les portes et les fenêtres d'une couche de peinture.

13ᵉ Leçon. — Consonnes suivies de r.

grue. Gros oiseau voyageur de l'ordre des échassiers; a une belle taille svelte et une démarche fière et dégagée. Ces oiseaux volent par bandes.
1. **chaudron**. Ustensile de cuisine en fer ou en cuivre, portant une anse mobile.
2. **crible**. Cadre formé d'un treillis de fils de fer et servant à séparer ce qui est plus fin de ce qui est plus gros.
3. **pupitre**. Meuble à plan incliné, sur lequel on écrit et dont l'intérieur renferme du papier, des livres, des plumes, etc.
4. **machine à coudre**. Mécanisme mû à l'aide d'une pédale, qui sert à coudre des morceaux d'étoffe, à confectionner des vêtements.
5. **timbre**. Sorte de cloche immobile qui est frappée en dehors par un marteau.
6. **pain de sucre**. Masse de sucre cristallisé à laquelle on a donné la forme d'un cône tronqué.
7. **tremplin**. Planche inclinée et élastique sur laquelle court le sauteur pour faire des sauts périlleux.
8. **trapèze**. Pièce dressée pour des exercices gymnastiques, composée de deux cordes suspendues, et reliées à un bâton à gorge.
9. **train**. Suite de vagons traînés par une locomotive (fourgon, tender).
10. **traîneau**. Sorte de voiture sans roues qu'on fait glisser sur la neige et sur la glace.
11. **dragon**. Monstre fabuleux que l'on représente avec des griffes, des ailes et une queue de serpent.
12. **pieuvre** ou poulpe, animal marin de la classe des mollusques; l'aspect hideux de cet animal inspire une répulsion instinctive.
13. **grimpereau**. Oiseau qui grimpe facilement le long des arbres; a un bec grêle, allongé; il s'aide de ses griffes pour grimper, surtout du doigt extérieur; préfère la position verticale à la station horizontale.
14. **grue**. Gros oiseau voyageur de l'ordre des échassiers, a une belle taille svelte et une démarche fière et dégagée; les grues volent par bandes.
15. **colibri-topaze**. Très petit oiseau, appelé aussi oiseau-mouche, est remarquable par l'éclat métallique de son plumage; on le rencontre dans les contrées chaudes de l'Amérique.
16. **grèbe**. Oiseau aquatique dont le plumage est d'un blanc argenté; fréquente la mer et les eaux douces; a une démarche pénible et vole mal, mais plonge avec une grande facilité.
17. **grive**. Oiseau du genre merle dont le plumage est mêlé de blanc et de brun; les grives voyagent par grandes troupes; leur chair est très savoureuse.
18. **crocodile**. Espèce de grand lézard amphibie qui habite les contrées chaudes de l'Afrique; sa gueule s'ouvre jusqu'au delà des oreilles.
19. **loutre**. Petit quadrupède carnassier, de la famille des martres; sa peau donne une fourrure précieuse; elle vit au fond des fleuves; on la trouve dans toute l'Europe et dans l'Asie septentrionale; il y a une espèce particulière de loutre en Amérique.
20. **braque**. Chien de chasse à poil ras, à museau épais, à oreilles larges et pendantes; se distingue par la finesse de son odorat; forme une même race avec le chien courant et le basset.

14ᵉ Leçon. — s, suivi de p, t ps.

spatule. Oiseau de rivage, ainsi nommé à cause de la forme de son bec en forme de spatule; aime les marais boisés, vers l'embouchure des fleuves; on le rencontre en Europe, surtout en Hollande.
1. **store**. Pièce de natte ou de toile, que l'on place aux fenêtres et qui se lève ou se baisse à volonté.

2. **psyché**. Grande glace mobile, établie sur pivots, dans un châssis et où l'on peut se voir de la tête aux pieds.
3. **stèle**. Monument monolithe qui a la forme d'un fût de colonne.
4. **statue**. Figure entière et de plein relief représentant un personnage, un symbole, une divinité, un animal.
5. **scolopendre** ou mille-pieds, forme une classe séparée de celle des insectes; est redoutée pour sa morsure qui provoque une vive douleur; le vénin se trouve dans sa bouche.
6. **scarabée**. Genre d'insectes à ailes membraneuses, recouvertes par des étuis cornés, corps épais, convexe; c'est un insecte de l'Amérique méridionale et des Antilles, dont le nom a été donné en France à des insectes similaires.
7. **spatule**. Instrument rond d'un côté, aplati de l'autre, dont on se sert en chirurgie.
8. **spahi**. Soldat d'un corps de cavalerie, composé en grande partie d'indigènes de l'Afrique française.

15ᵉ Leçon. — ph, suivi d'une voyelle.

phoque. Amphibie couvert de poils et à pattes très courtes; le phoque n'a pas les dents prolongées en dehors de la bouche comme le morse; vit le long des côtes septentrionales de l'Europe; il y a une espèce de phoque (veau marin) sur nos côtes de l'Océan et de la Manche.
1. **siphon**. Vase en verre bouché hermétiquement dans lequel on met de l'eau chargée d'acide carbonique et muni d'un appareil laissant échapper l'eau à volonté.
2. **amphore**. Vase antique à deux anses, destiné à recevoir de l'eau, de l'huile ou d'autres liquides.
3. **scaphandre**. Sorte de corset garni de liège, au moyen duquel on peut se soutenir sur l'eau ou dans l'eau.
4. **siphon**. Tube recourbé à branches inégales dont on se sert pour transporter les liquides (les liquides en communication se mettent de niveau).
5. **ophicléide**. Instrument à vent en cuivre, de forte dimension, et munie de clés.
6. **phare**. Tour dressée sur un cap ou sur la jetée d'un port et portant, à son sommet, une lanterne projetant un feu connu des navigateurs.
7. **sémaphore**. Sorte de télégraphe établi sur les côtes et dans les ports, pour donner des signaux concernant la navigation.
8. **télégraphe**. Mécanisme servant à transmettre des nouvelles à de grandes distances, et fondé sur l'emploi de courants électriques.
9. **phonographe**. Instrument composé de rouleaux et d'un cornet acoustique, reproduisant des sons enregistrés.
10. **téléphone**. Instrument qui sert à converser ou à faire entendre des sons à grandes distances.
11. **phaéton**. Petite calèche à quatre roues légère et découverte.
12. **sphère** ou globe, solide rond dont tous les points extérieurs sont à égale distance du centre (sphère terrestre).
13. **éphémère**. Insecte ailé qui, à l'état parfait, n'a qu'une très courte existence; ne vit qu'un jour; formés le soir, beaucoup d'entre eux ne voient pas le lever du soleil, et les autres vivent à peine deux jours; c'est un petit moucheron.
14. **phoque**. Amphibie couvert de poils et à pattes très courtes; n'a pas, comme le morse, les dents prolongées en dehors de la bouche en défenses; il y a une espèce de phoques sur nos côtes (veau marin).
15. **dauphin**. Gros poisson de mer de la famille des cétacés; a un front bombé, au bas duquel se prolonge un museau aminci en forme de bec; on le rencontre dans l'Océan et dans la Méditerranée.
16. **photographe**. Celui qui s'occupe de photographier des personnes et des vues au moyen d'un appareil spécial.

16ᵉ Leçon. — les, des, ces, mes, tes, ses, — s au pluriel.

un pigeon. Oiseau de basse-cour qu'on élève dans un colombier; a des ailes longues et un plumage de couleurs variées (ramier, voyageur, biset).

des pigeons. Quand il s'agit de deux ou plusieurs pigeons on ajoute un s à la fin du nom.

1. un lapin. Petit animal quadrupède domestique, à longues oreilles et d'un pelage de couleurs diverses; on élève des lapins dans des clapiers.

2. des lapins. Quand il s'agit de deux ou plusieurs lapins, on ajoute un s à la fin du nom.

3. une ancre. Instrument en fer à deux crochets solides, qu'on laisse tomber au fond de la mer pour fixer un navire.

4. des ancres. Quand il s'agit de deux ou plusieurs ancres, on ajoute un s à la fin de ce nom.

5. une meule. Corps solide cylindrique et plat en pierre dure, dont on se sert pour broyer du blé, des olives, des amandes, etc.

6. des meules. Quand il s'agit de deux ou plusieurs meules, on ajoute un s à la fin du nom.

7. une ruche. Demeure où les abeilles vivent et font le miel; il y a des ruches de formes différentes; on les place à l'abri du vent.

8. des ruches. Quand il s'agit de deux ou plusieurs ruches, on ajoute un s à la fin du nom.

9. des épis. Quand il s'agit de deux ou plusieurs épis, on ajoute un s à la fin du nom.

10. des dominos. Quand il s'agit de deux ou plusieurs dominos, on ajoute un s à la fin du nom.

11. des glaces. Quand il s'agit de deux ou plusieurs glaces, on ajoute un s à la fin du nom.

12. des clés. Quand il s'agit de deux ou de plusieurs clés, on ajoute un s à la fin du nom.

13. des boules. Quand il s'agit de deux ou plusieurs boules, on ajoute un s à la fin du nom.

14. des lampes. Quand il s'agit de deux ou plusieurs lampes, on ajoute un s à la fin du nom.

15. des olives. Quand il s'agit de deux ou plusieurs olives, on ajoute un s à la fin du nom.

16. des tomates. Quand il s'agit de deux ou plusieurs tomates, on ajoute un s à la fin du nom.

17. des pigeons. Quand il s'agit de deux ou plusieurs pigeons, on ajoute un s à la fin du nom.

18. des singes. Quand il s'agit de deux ou plusieurs singes, on ajoute un s à la fin du nom.

19. des moutons. Quand il s'agit de deux ou plusieurs moutons, on ajoute un s à la fin du nom.

20. des mains. Quand il s'agit de deux ou plusieurs mains, on ajoute un s à la fin du nom.

17ᵉ Leçon. — a, suivi de *l, e, r, s.*

alpaca. Animal ruminant sans cornes de l'Amérique du Sud; est une espèce de lama; a environ 1 mètre du poitrail à la croupe; donne une belle laine douce (bête de somme dans les montagnes du Pérou).

1. armoire. Grand meuble garni de tablettes, fermé par une ou deux portes, et destiné, le plus souvent, à contenir du linge.

2. marmite. Vaisseau en terre ou en métal, où l'on fait bouillir les légumes et la viande qui servent de nourriture.

3. casque. Coiffure militaire en cuir bouilli ou en métal; casque de pompier.

4. marteau. Outil en fer à manche de bois qui sert à aplatir les métaux, à forger, à cogner.

5. bascule. Machine à l'aide de laquelle on trouve le poids des fardeaux; l'un des bouts se lève quand on pèse sur l'autre (repose sur le même principe que la romaine).

6. cartouche. Cylindre de carton ou de métal contenant la charge d'une arme à feu, poudre et balle ou chevrotine.

7. sac. Espèce de poche en toile, ouverte par le haut et cousue par le bas et les côtés (sac de charbon, de blé).

8. harpon. Dard dont la pointe est accompagnée de deux crocs recourbés, pour harponner les animaux marins de grande taille : baleine, requin, phoque.

9. masque. Faux visage de carton peint dont on se couvre la figure pour se déguiser.

10. baldaquin. Espèce de dais ou de ciel de lit d'où tombent les rideaux.

11. hamac. Lit en toile ou en filet, suspendu dans les bateaux, ou placé entre deux arbres.

12. charnière. Appareil composé de deux pièces de métal assemblées sur un axe commun, l'une, au moins, étant mobile autour de cet axe.

13. tarte. Espèce de pâtisserie plate qui contient ordinairement de la crème, des confitures ou des fruits.

14. alvéoles. Petites loges ou cellules que les abeilles ou les guêpes se construisent pour y élever leurs larves; c'est un prisme à six pans.

15. barque. Petit bateau servant à faire une promenade sur l'eau, ou à traverser un cours d'eau à défaut de pont.

16. astérie ou étoile de mer, zoophyte à cinq branches; on les trouve en quantité sur nos côtes, et quelquefois en si grande abondance qu'elles servent d'engrais pour les terres.

17. carpe. Poisson d'eau douce à grandes et larges écailles, très recherché pour la table; a une petite bouche; vit de larves, d'insectes, de vers, souvent d'herbage, de graines et même de limon; peut atteindre jusqu'à 1 mètre de longueur.

18. martre. Genre de carnassiers digitigrades; fort bas sur jambes; a un corps long, flexible et menu, précédé d'un museau effilé; peut se glisser par les moindres fentes; pelage brun; mesure 0ᵐ.35 de longueur et 0ᵐ.14 de hauteur.

19. cheval. Animal domestique de la famille des solipèdes; a le pied terminé par un seul doigt et un seul ongle; c'est le noble compagnon de l'homme, dit Buffon.

20. jaguar ou tigre d'Amérique, quadrupède du genre chat, dont la peau est mouchetée comme celles des léopards et des panthères.

18ᵉ Leçon. — a, suivi de *r, l, s, t.*

argus. Oiseau dont les ailes portent des taches semblables à des yeux; c'est une espèce de grand faisan du midi de l'Asie; il a une queue longue de plus d'un mètre; ses plumes sont employées pour les modes.

1. tasse. Petit vase servant à boire; il y a des tasses en faïence et en porcelaine fine, etc.; la tasse se place sur une soucoupe.

2. carnassière. Sorte de sac ou filet pour mettre le gibier.

3. malle. Sorte de coffre en bois, en cuir ou en osier, dont on se sert en voyage pour y renfermer des effets d'habillement.

4. casserole. Ustensile de cuisine en métal, à queue, à fond plat et à parois droites et formant cylindre.

5. charrue. Instrument de labourage, composé d'un train monté sur deux roues et d'un soc tranchant.

6. barres parallèles. Pièces de bois placées à hauteur d'appui sur des montants, et servant à faire des exercices gymnastiques.

7. carrelage. Couverture du sol formée de carreaux de terre cuite, de marbre ou de pierre placés symétriquement.

8. ballon. Globe sphérique de soie rempli de gaz, entouré d'un filet et terminé inférieurement par un panier appelé nacelle.

9. passoire. Ustensile de cuisine percé de petits trous, dans lequel on écrase des légumes, des fruits, pour en tirer le jus.

10. arc de triomphe. Monument en forme de porte voûtée, orné de bas-reliefs et d'inscriptions; élevé à la gloire des armées.

11. massue. Espèce de fort bâton dont un bout gros et massif servait d'arme.

12. baratte. Vaisseau de bois, de forme oblongue, dont on se sert pour battre le lait et en retirer le beurre.

13. masse d'armes. Espèce de massue garnie de pointes dont se servaient les anciens dans les combats, et que l'on rencontre encore chez des peuples sauvages.

14. échasses. Bâtons garnis d'un étrier sur lequel on appuie le pied pour marcher dans les marais ou dans les sables.

15. grappin. Petite ancre de chaloupe à quatre branches recourbées.

16. outarde. Oiseau de l'ordre des échassiers, se rapprochant des autruches par la disposition de leurs pieds et leur port lourd, mais capables de voler.

17. bécasse. Oiseau de passage qui a un bec fort long et qui est recherché pour la table; elle habite l'été sur les hautes montagnes boisées et descend chez nous aux premiers froids; c'est un gibier fort estimé; la bécasse est peu défiante.

18. **nénuphar.** Plante aquatique servant de type à la famille des nymphéacées ; il y a le nénuphar blanc en Europe et le nénuphar bleu en Afrique ; on lui attribue des propriétés merveilleuses.

19. **gendarmes.** Soldats qui sont chargés de maintenir la sûreté et la tranquillité publiques.

20. **charron.** Celui qui fait des chariots, des charrettes, des trains de voiture et particulièrement des roues de voiture.

19e Leçon. — e, suivi de r, s, x, l.

perroquet. A un gros bec, dur, solide, arrondi ; une langue épaisse et charnue ; imite facilement la voix humaine ; très sociable et très facile à apprivoiser (Amérique, Afrique, îles).

1. **lanterne.** Boîte en métal, garnie d'une substance transparente, corne ou verre ; elle contient soit une petite lampe, soit une bougie pour l'éclairage.

2. **escabeau.** Siège de bois sans bras ni dossier.

3. **cartel.** Pendule à encadrement plus ou moins ornementé, qui est suspendue à la muraille.

4. **serpe.** Instrument de jardinage et de bûcheron, à manche court, à lame large, à tranchant concave à l'extrémité.

5. **fer à cheval.** Bande de fer recourbée formant semelle, que l'on fixe sous la face inférieure du pied du cheval.

6. **merlin.** Sorte de hache, munie, d'un côté, d'un fer épais servant de massue, et, de l'autre, d'un tranchant pour couper le bois.

7. **giberne.** Partie de l'équipement militaire, où les soldats mettent les cartouches.

8. **berceau.** Treillage en voûte autour duquel on place des plantes grimpantes ; élevé, en général, dans le jardin.

9. **herse.** Instrument aratoire dépourvu de roues, qui a, d'un côté, plusieurs rangées de dents destinées à diviser, briser et ameublir les mottes de terre.

10. **cercle.** Surface plane limitée par une circonférence.

11. **gerbe.** Botte de blé ou d'autres céréales coupées ; lien généralement en paille, jonc ou osier.

12. **belvéder.** Pavillon rond ou polygonal placé sur une terrasse élevée ou au-dessus d'une construction.

13. **asperges.** Plante potagère formant un aliment sain et possédant des propriétés médicinales ; sirop de pointes d'asperges.

14. **cabestan.** Treuil à axe vertical qui se manœuvre au moyen de barres fixes horizontales ; particulièrement employé sur les navires à lever l'ancre ou *déraper*.

15. **berceau.** Lit d'un tout jeune enfant, fait de telle façon, qu'on peut lui imprimer un mouvement de balancement.

16. **ver à soie.** Est la larve ou chenille d'un papillon nocturne ; sa peau est d'un blanc gris plombé ; produit la soie ; on l'élève avec la feuille du mûrier.

17. **merle.** Oiseau de l'ordre des passereaux, dont une espèce, le merle noir à bec jaune, est commune en France ; il se nourrit d'insectes, de larves, mais plus particulièrement de fruits et surtout de baies.

18. **index.** Premier doigt de la main après le pouce (pouce, index, médius, annulaire, auriculaire).

19. **escrime.** Exercices pour apprendre à se battre au fleuret, à l'épée ou au sabre ; la figure est masquée ; la poitrine plastronnée, et la main droite munie d'un gant spécial.

20. **duel.** Combat singulier, entre deux hommes ; duel au pistolet, au sabre, à l'épée. Ce n'est pas le résultat qui donne raison à celui qui a raison, ou tort à celui qui a tort.

20e Leçon. — e, suivi de r, s, l.

cerf. Bête fauve de nos contrées ; a des cornes pleines, osseuses, caduques, rondes, ramifiées ; une taille svelte ; des jambes fines et nerveuses ; animal timide et sauvage ; habite les deux continents.

1. **verre.** Vase à boire à pied fait de verre ou de cristal.

2. **jumelle.** Espèce de lorgnette à deux branches destinée à rapprocher les distances.

3. **gamelle.** Écuelle de fer-blanc qui contient la nourriture des soldats.

4. **échelle.** Appareil composé de deux longues pièces de bois traversées, d'espace en espace, par des bâtons placés horizontalement et à distance égale.

5. **pelote de ficelle.** Paquet formé avec de la ficelle enroulée d'une certaine manière.

6. **verrou.** Moyen de fermeture consistant en une barre de fer ronde, de même dimension dans toute sa longueur, et produisant un va-et-vient entre deux crampons.

7. **passerelle.** Sorte de pont étroit qui ne sert qu'aux piétons.

8. **pelle.** Instrument de fer, large et plat, à manche plus ou moins long, selon l'usage auquel il est destiné.

9. **selle.** Sorte de siège qu'on met sur le dos du cheval pour la commodité du cavalier.

10. **manivelle.** Pièce de fer faisant deux angles droits, placée à l'extrémité d'un arbre ou essieu et servant à le faire tourner à l'aide d'une poignée.

11. **vielle.** Instrument à clavier caché, qui se joue au moyen d'une roue que l'on fait tourner par une manivelle.

12. **truelle.** Outil de maçon pour appliquer le plâtre et le mortier.

13. **ridelles.** Les deux côtés d'une charrette ; les ridelles ont l'apparence de râteliers.

14. **sauterelle.** Insecte ailé, du genre locuste, qui s'avance en sautant ; il y a des sauterelles d'un très grand nombre d'espèces, répandues dans tous les pays ; vivent surtout dans les prairies et dans les champs.

15. **sarcelle.** Espèce de canard, aquatique comme lui, mais plus petit ; plonge rarement et se nourrit de plantes et de graines ; est commune sur nos étangs au printemps et en automne ; elle se porte vers le Nord pour couver.

16. **perruche.** Femelle du perroquet, a toutes les qualités qui distinguent le perroquet ; on donne encore ce nom au petit perroquet vert à longue queue.

17. **cerf.** Bête fauve de nos contrées ; a des cornes pleines, osseuses, caduques, rondes, ramifiées ; se distingue par une taille svelte, des jambes fines et nerveuses ; est timide et sauvage ; habite les deux continents.

18. **chien de Terre-Neuve.** Est un chien de la race des barbets ; est de forte taille et a une aptitude naturelle pour aller à l'eau ; est doux et fidèle.

19. **polichinelle.** Personnage des farces napolitaines représentant un paysan balourd qui dit de bonnes vérités.

20. **sentinelle.** Soldat qui fait le guet pour la garde d'un camp, d'un poste, d'un monument.

21e Leçon. — i, suivi de f, l, s, r, c.

griffon. Espèce de chiens qui ont les poils du corps très durs et ceux de la tête longs et hérissés ; est un bon chien de chasse.

1. **canif.** Petit couteau fort tranchant pour tailler les plumes, les crayons.

2. **pic.** Instrument de fer pointu, à long manche, dont on se sert pour creuser la terre, détacher des fragments de roches.

3. **palissade.** Clôture faite avec des pièces de bois fixées verticalement et retenues à l'aide de poutrelles horizontales.

4. **disque.** Plaque mobile servant à donner des signaux à l'aide de couleurs ou de lumières différentes.

5. **périssoire.** Embarcation très légère, longue et étroite, mise en mouvement à l'aide d'une pagaie.

6. **obélisque.** Monument quadrangulaire formant une pyramide tronquée, terminée par une pointe.

7. **if.** Construction en forme de triangle, garnie de lampions destinés à des illuminations.

8. **tilbury.** Cabriolet découvert fort léger, dont l'inventeur s'appelait Tilbury.

9. **épi de maïs** ou épis de blé d'Espagne, de Turquie ou de l'Inde ; est originaire de l'Amérique, du Mexique, dit-on ; plante alimentaire et fourragère ; le grain produit une farine, dont on fait une bouillie épaisse et nourrissante ; les feuilles sèches peuvent servir de literie.

10. **narcisse.** Belle fleur appelée aussi jonquille ; croît spontanément dans les Pyrénées, en Espagne et en Portugal ; est cultivée dans nos jardins ; produit de l'engourdissement.

11. lis. Plante bulbeuse qui porte, sur une haute tige, des fleurs blanches à six folioles ; fort répandue dans nos jardins ; la fleur naît au sommet de la tige ; son odeur est suave.

12. iris. Genre de plantes de la famille des iridées ; l'iris des marais ou iris jaune est une fleur grande, belle, de couleurs vives ; l'iris commun est violet et répand une odeur agréable.

13. volubilis ou liseron ; plante susceptible de s'enrouler sur le corps qui lui sert d'appui ; fleurs violettes, blanches, roses, en forme de clochettes ; originaire de l'Amérique.

14. phylloxera. Insecte presque invisible qui s'attaque à la racine et à la tige de la vigne ; importé d'Amérique (véritable fléau).

15. ibis. Oiseau échassier longirostre, vivant d'insectes, de mollusques, de reptiles et de plantes fluviales ; oiseau vénéré par les anciens Égyptiens ; vit principalement sur les bords du Nil.

16. saphir-émeraude. Espèce d'oiseau-mouche de belle couleur bleu de saphir et vert d'émeraude.

17. écrevisse. Animal de la famille des crustacés qui vit dans l'eau ; a cinq paires de fausses pattes ; elle est d'un brun verdâtre ; se tient dans des trous et sous des pierres ; chair recherchée.

18. tapir ou mule sauvage, quadrupède qu'on rencontre en Amérique et dont le nez est en forme de petite trompe ; de la taille d'un petit âne ; a la tête comprimée ; il vit dans les marécages, sur les bords des fleuves et des rivières.

19. hérisson. Genre de mammifères dont la peau est couverte de piquants ; se roule en boule ; se cache le jour ; cherche sa nourriture (insectes, fruits tombés, petits mollusques) le soir ; chair assez bonne à manger ; répandu en France.

20. vélocipédiste. Celui qui se sert d'un vélocipède ; le vélocipède est fort employé ; armée, postes, commerce.

22ᵉ Leçon. — o, suivi de *r, c, s, l.*

orfraie. Nommé aussi aigle de mer ; habite les forêts au bord de la mer ou des grands lacs ; les bords de la Manche en hiver ; vole moins haut que les autres aigles ; vit de poissons qu'elle chasse la nuit ; son aire sur des rochers escarpés atteint jusqu'à 2 mètres de diamètre.

1. accordéon. Instrument de musique à soufflet et à touches qu'on tient et manœuvre avec les mains.

2. bol. Vase hémisphérique sans anse dans lequel on met certaines boissons, telles que le lait, le punch.

3. porte. Ouverture faite pour entrer dans un lieu fermé et pour en sortir ; pièce de menuiserie placée dans l'ouverture.

4. revolver. Pistolet à un seul canon et plusieurs culasses, dont chacune, par un mouvement de rotation, se présente au canon.

5. cor de chasse. Instrument à vent en cuivre, contourné en spirale et terminé par un large pavillon.

6. corne d'abondance. Symbole, en forme de corne, renfermant des fruits de toutes sortes, et indiquant l'abondance.

7. kiosque. Belvéder ou pavillon, dans le goût oriental, qui décore les terrasses et les jardins.

8. torche. Flambeau grossier, consistant en un bâton de sapin entouré de résine, de cire ou de suif.

9. épi d'orge. Épi garni de longues barbes d'une céréale de végétation rapide, qui se contente des courts étés du Nord ; la farine d'orge ne donne qu'un pain gris, grossier (orge germée, orge mondée c'est-à-dire décortiquée par le frottement).

10. cloporte. Genre crustacé isopode commun dans les lieux humides ; se montre rarement le jour ; se nourrit de matières végétales et animales en décomposition ; ronge les fruits tombés et les feuilles des arbres.

11. coq. Oiseau de basse-cour remarquable par son plumage, sa démarche fière et son chant spécial.

12. corbeau. Gros oiseau carnassier de la famille des passereaux, au plumage très noir ; vit solitaire au sommet des arbres les plus hauts ou sur des rocs escarpés ; est avide de la chair des cadavres ; on le considère à tort comme un oiseau de mauvais présage.

3. torcol. Genre d'oiseau grimpeur ; a une langue organisée pour s'allonger considérablement ; bec droit et pointu ; est à peu près de la taille d'une alouette : on le rencontre en Europe, Asie et Afrique (mouvement de torsion du cou).

14. tortue. Animal amphibie à quatre pieds, qui marche fort lentement et dont le corps est couvert d'une carapace bombée (tortues terrestres, d'eau douce, de mer, à gueule, molles).

15. scorpion. Animal de la classe des arachnides pulmonaires ; on le rencontre dans le sud de l'Europe ; sa queue est armée d'un dard qui sécrète du venin.

16. alligator. Reptiles sauriens dont les espèces sont appelées vulgairement caïmans et crocodiles ; a un large museau, une gueule largement fendue ; on les rencontre dans les grands fleuves de l'Amérique ; marche vite en ligne droite.

17. castor. Quadrupède mammifère de l'ordre des rongeurs qui habite les lieux aquatiques du nord de l'ancien et du nouveau continent ; bas sur jambes ; formes lourdes et ramassées ; yeux petits ; queue en forme de palette.

18. morse. Mammifère des mers du pôle Nord, dit aussi cheval marin, vache marine, animal à grande dent ; se distingue du phoque par deux grandes dents ou défenses qui sortent de la bouche ; animal amphibie.

19. porc-épic. Mammifère de l'ordre des rongeurs, dont le corps est armé de piquants très longs et annelés de blanc et de noir ; irrité ou effrayé il se met en boule ; en Europe, surtout en Espagne, Sicile, Barbarie.

20. forgeron. Celui qui travaille le fer à la forge et au marteau.

23ᵉ Leçon. — o, suivi de *r, p, s, t.*

corbeau. Gros oiseau carnassier de la famille des passereaux ; a un plumage très noir ; est avide de la chair des cadavres ; vit solitaire au haut des arbres, ou sur des roches escarpées.

1. botte. Chaussure de cuir qui enferme le pied et la jambe et quelquefois une partie de la cuisse.

2. bottine. Petite botte courte et légère à l'usage des femmes, des enfants et même des hommes.

3. stéréoscope. Appareil qui permet de donner la sensation complète du relief et de la perspective au moyen d'images planes.

4. enveloppe. Espèce d'étui en papier qui sert à renfermer une lettre confiée à la poste.

5. volcan. Gouffre ouvert, le plus souvent dans les montagnes, et d'où sortent des tourbillons de feu et de matières fondues appelées lave ; volcans éteints d'Auvergne.

6. brosse. Plaque, ordinairement en bois, garnie de faisceaux de poils ou de crins, et servant à enlever la poussière des vêtements.

7. borne kilométrique. Pierre taillée, portant une inscription, et placée au bord de la route à une distance de 1,000 mètres.

8. hotte. Sorte de panier d'osier, qui a des bretelles et qu'on porte sur le dos.

9. corde. Les enfants se servent, pour sauter, d'une corde assez longue, terminée aux deux bouts par des poignées.

10. cosse. Nom de l'enveloppe de certaines graines légumineuses : fèves, pois, lentilles.

11. carotte. Plante potagère de la famille des ombellifères, à racine pivotante ; légume comestible.

12. carrosse. Voiture à quatre roues, suspendue, grande, généralement élégante et ornée de peintures et de dorures.

13. colchique. Plante bulbeuse, cultivée à cause de la beauté de ses fleurs d'une belle couleur lilas, et pour ses propriétés médicinales ; vient spontanément dans les prairies.

14. capricorne. Coléoptère à très longues antennes, se distingue par l'élégance de ses formes, la vivacité de ses mouvements, la richesse de ses couleurs ; la larve vit en général sous l'écorce des arbres ; il y en a d'un bleu cendré avec des taches noires sur les élytres.

15. coccinelle. Insecte du genre des coléoptères, dit vulgairement « bête à bon Dieu », a le corps presque hémisphérique ; le corselet très court. Il y en a de plus cent cinquante espèces ; la rouge avec des points noirs sur les élytres est la plus commune.

16. hocco. Oiseau du genre des gallinacés, originaire de l'Amérique méridionale ; a le bec fort, la tête garnie d'une huppe de plumes longues et étroites ; il perche sur les arbres les plus élevés ; chair délicate ; profère une espèce de cri étouffé de ventriloque.

17. gelinotte. Espèce d'oiseau sauvage qui a beaucoup de ressemblance avec la perdrix, dont elle a la taille; son plumage est varié de brun, de blanc, de gris et de roux; aime les bois; gibier très estimé.

18. butor. Espèce de héron qui vit dans les marécages où il se cache au milieu des joncs; son cri rappelle le mugissement du taureau, mais plus intense et plus perçant; il se défend avec brutalité contre les oiseaux, les chiens et même les chasseurs.

19. cormoran ou corbeau de la mer; oiseau aquatique de l'ordre des palmipèdes; a la taille d'une oie, avec un plumage brun noirâtre, la gorge et les joues blanches; ne s'éloigne pas beaucoup des rivages maritimes; il n'est pas rare en France; doux et tranquille.

20. marmotte. Quadrupède de l'ordre des rongeurs qui dort l'hiver; on le rencontre dans les hautes montagnes de l'Europe et de l'Asie; mais les Alpes sont son séjour de prédilection; s'apprivoise facilement; caractère doux, inoffensif; a une odeur désagréable; grand comme un lapin de petite taille.

24ᵉ Leçon. — u, suivi de p, c, r, s.

huppe. Oiseau de la grosseur d'un merle, qui a une petite touffe de plumes sur la tête; s'apprivoise facilement; a un chant particulier qui peut se traduire par les syllabes *poun*, *bou*, *houp*.

1. suspension. Support suspendu au plafond; est destiné à recevoir des fleurs, une lampe, etc.

2. urne. Poterie qui a la forme des urnes antiques: à deux anses; sert à contenir différents liquides.

3. lustre. Appareil d'éclairage et objet d'ornement suspendu au plafond, composé de prismes en cristal et de globes.

4. obus. Projectile creux et allongé dont on se sert à la guerre pour le bombardement.

5. mur. Entourage de maçonnerie, dont la partie inférieure est construite dans une tranchée, quelquefois sans tranchée sur une base artificielle.

6. viaduc. Construction qui, dans un chemin de fer, sert à traverser un bas-fonds, vallon ou cours d'eau.

7. aqueduc. Construction en maçonnerie pour conduire les eaux d'un lieu à un autre, par-dessus un vallon ou un cours d'eau.

8. balustre. Petit pilier tourné et façonné destiné à former une balustrade.

9. balustrade. Rangée de balustres, servant d'appui, de clôture, d'ornement.

10. cactus. Plante de la famille des cactées à tige globuleuse, formée de mamelons très serrés, armés de piquants et munis de petites fleurs éphémères.

11. turban. Coiffure de plusieurs peuples orientaux, anciens et modernes et, entre autres, des Turcs.

12. argus. Oiseau dont les ailes portent de petites taches semblables à des yeux; c'est une espèce de faisan de l'Asie méridionale; a une queue de plus d'un mètre; ses plumes sont recherchées pour la mode.

13. huppe. Oiseau de la grosseur d'un merle qui a une petite touffe de plumes sur la tête; s'apprivoise facilement; a un chant qui peut se traduire par les syllabes *poun*, *bou*, *houp*; existe en France.

14. duc. Oiseau nocturne de la famille des chouettes, a un bec court, recourbé jusqu'à la pointe; la tête garnie de deux aigrettes, la conque de l'oreille très petite; le plumage grivelé; on le trouve en Europe et en Asie; se nourrit de lièvres, lapins, rats, oiseaux.

15. buffle. Espèce du genre bœuf, originaire de l'Inde, et amené en Égypte, en Grèce, en Italie, dans le commencement du moyen âge; a le front bombé; des cornes dirigées en arrière; aime à se vautrer dans la fange des marais.

16. musc. Animal ruminant, du genre chevrotin, qui produit le musc, matière très odorante employée en médecine; habite les régions âpres et pleines de rochers qui s'étendent entre la Sibérie, la Chine et le Thibet.

25ᵉ Leçon. — eur, œur, œuf.

bœuf. Quadrupède ruminant, servant surtout au labour des champs et à la nourriture de l'homme; sa peau produit un cuir très fort.

1. sécateur. Instrument de jardinage composé de deux branches croisées se terminant en forme de ciseaux courbes.

2. cœur. Organe en forme de cône, creux et musculaire, qui est renfermé dans la poitrine et constitue le principal agent de la circulation du sang.

3. vapeur. Bateau à vapeur qui marche à l'aide d'une machine à vapeur.

4. remorqueur. Bateau à vapeur destiné à s'atteler à un autre bateau qu'il fait avancer à l'aide de fortes chaînes.

5. caisse à fleurs. Assemblage de planches ayant un fond et dans lequel on plante des arbustes, des fleurs.

6. œuf. Masse formée d'un globe jaune enveloppé de matière albumineuse et renfermée dans une coquille calcaire.

7. glaïeul, du latin *gladius* épée. Espèce d'iris; on distingue le glaïeul des marais et le glaïeul puant; originaire du Cap; le glaïeul commun est répandu dans les champs du midi de la France; sa fleur est de couleurs variées, surtout d'un beau rouge écarlate.

8. martin-pêcheur. Oiseau remarquable par l'éclat de ses couleurs; a les pieds courts, la tête grosse et allongée, terminée par un long bec; on le rencontre dans toutes les contrées du globe, mais surtout en Afrique et en Asie.

9. faneurs. Ceux qui emploient la fourche et le râteau pour faner les foins, c'est-à-dire les sécher.

10. mineurs. Ceux qui fouillent la mine, pour en tirer la matière minérale, appelé minerai (charbon, fer, cuivre, zinc, etc.).

11. pêcheur. Celui qui pêche des poissons dans un cours d'eau à l'aide d'un filet, d'une ligne, d'une nasse.

12. boxeurs. Ceux qui s'attaquent à coups de poings suivant les règles de la boxe.

13. rémouleur. Ouvrier ambulant qui va dans les rues, dans les villages, aiguiser les couteaux, les ciseaux, etc.

14. faucheurs. Ceux qui fauchent les foins à l'aide d'une faux.

15. chasseurs. Ceux qui poursuivent le gibier, les bêtes fauves, pour les tuer.

16. semeur. Celui qui distribue à droite et à gauche, d'une manière régulière, le grain qui doit germer.

17. facteur. Employé de l'État, chargé de distribuer les lettres envoyées par la poste.

18. laboureur. Celui dont l'état est de labourer la terre à l'aide de la charrue.

19. porteur d'eau. Celui qui porte de l'eau dans les maisons; devient de plus en plus rare dans les villes.

20. dessinateur. Celui qui exerce l'art du dessin; qui fait des portraits; qui copie des sujets à l'aide du crayon noir.

26ᵉ Leçon. — oir.

loir. Petit animal semblable à un rat; à poil gris; vit dans le creux des arbres et des murs; dort durant l'hiver; se nourrit principalement de fruits.

1. miroir. Verre étamé ou métal poli qui reproduit l'image des objets qu'on lui présente.

2. démêloir. Peigne à grosses dents qui sert à démêler les cheveux.

3. hachoir. Grand couteau à deux manches à l'aide duquel on hache des légumes, de la viande, etc.

4. tiroir. Petite caisse emboîtée dans un meuble au moyen de deux coulisses, et qui se tire par un bouton, un anneau ou une clé.

5. battoir. Forte palette en bois dur, avec laquelle les blanchisseuses battent le linge.

6. bougeoir. Chandelier avec un pied bas, en forme de soucoupe, et garni d'une poignée.

7. dévidoir. Instrument qui sert à mettre en écheveau le fil qui est sur le fuseau.

8. heurtoir. Marteau d'une porte qu'on laisse retomber pour demander l'entrée de la maison.

9. accoudoir. Rebord placé dans l'intérieur des vagons pour y placer commodément le coude.

10. dressoir. Armoire sans porte où l'on range la vaisselle et les objets dont on se sert à tout instant.

11. greffoir. Instrument qui sert à faire une incision à un arbuste pour y introduire une petite branche coupée ou un œil levé sur un autre arbuste.

12. affiloir. Instrument qui sert à affiler, à donner du tranchant à une lame (boucherie).

13. fendoir. Instrument qui sert à fendre (bois ou os de boucherie).

14. pressoir. Machine qui sert à presser du raisin, des pommes, des olives pour en tirer du vin, du cidre, de l'huile.

15. décrottoir. Lame de fer sur laquelle les personnes qui entrent dans une maison peuvent décrotter leurs chaussures.

16. émouchoir. Queue de cheval, attachée à un manche, dont les maréchaux se servent pour émoucher les chevaux.

17. loir. Petit animal semblable à un rat, à poil gris, qui vit dans le creux des arbres et des murs et qui dort durant l'hiver ; se nourrit principalement de fruits.

18. remontoir. Bouton qui dans une montre sert à remonter le mécanisme ; remplace une clé de montre.

19. laminoir. Machine à l'aide de laquelle on étire en lames ou en feuilles les métaux malléables ou d'autres matières.

20. plantoir. Morceau de bois dur, garni ou non de fer, recourbé à l'extrémité inférieure, et servant au repiquage des plantes.

27ᵉ Leçon. — ou, suivi de r, l, s.

ours. Animal sauvage, d'un mouvement lent ; ours brun d'Europe, ours noir d'Amérique, ours blanc de la mer glaciale ; les ours marchent facilement, mais sont mal organisés pour la course ; ils grimpent aux arbres avec agilité.

1. fourche. Instrument à long manche, muni, au bout, de dents aiguës, et qui sert à déplacer le fourrage, le fumier, etc.

2. tambour. Caisse de forme cylindrique dont les deux fonds sont formés de peaux tendues, sur l'une desquelles on frappe avec des baguettes.

3. houssoir. Balai de plumes servant à épousseter les meubles.

4. égouttoir. Cône tronqué, formé de montants en fer retenus par des cercles de même métal garnis de pointes inclinées pour y accrocher les bouteilles.

5. fourneau. Ustensile en fonte servant à faire cuire les aliments.

6. boussole. Cadran au centre duquel est fixée une aiguille aimantée et mobile dont la pointe se dirige vers le nord.

7. tour. Bâtiment élevé, rond, qui servait autrefois à fortifier l'enceinte des villes, des châteaux, etc.

8. coussin. Sorte de sac rempli de plumes, de crin ou de bourre, et qui sert à supporter quelque partie du corps dans le repos.

9. bourriche. Panier de forme oblongue, dont on se sert pour transporter du gibier, du poisson.

10. moustique. Insecte voltigeant des pays chauds, dont la piqûre est douloureuse ; les moustiques sont des cousins.

11. fourmi. Petit insecte qui vit en société sous terre ; a un corps grêle et allongé qui se compose d'une tête assez grosse, triangulaire et ovoïde, d'un thorax assez volumineux et d'un abdomen ovalaire ; les antennes sont plus courtes que le corps (fourmilières).

12. langouste. Sorte d'écrevisse de mer ; la langouste diffère du homard en ce qu'elle n'a pas les deux grosses pinces de devant ; son corps est presque cylindrique ; on en trouve dans toutes les mers des régions tempérées.

13. oursin. Genre de zoophytes à coquille hérissée de pointes mobiles ; dits aussi hérissons de mer ; plusieurs espèces sont comestibles ; est de la forme et de la grosseur d'une pomme.

14. poulpe ou pieuvre, animal marin de la classe des mollusques ; a un corps globulaire auquel adhèrent huit tentacules ; son aspect hideux inspire une répulsion instinctive.

15. poussin. Poulet nouvellement éclos ; les poulets des couvées de printemps sont généralement les mieux venus ; mais les poulets des couvées d'été donnent des volailles tendres à l'époque où ceux du printemps commencent à devenir durs.

16. tourterelle. Ressemble beaucoup au pigeon, mais est plus petite ; passe l'hiver en Afrique et arrive vers la fin d'avril dans nos bois ; son roucoulement est plaintif et monotone.

17. vautour. Gros oiseau de proie, à tête et à col nus ; ses ailes sont si longues, qu'en marchant, l'oiseau les tient à demi étendues ; il se repaît de cadavres ; fait son nid sur des rochers inaccessibles ; habite les montagnes de l'Europe, de l'Asie et de l'Afrique.

18. ours. Animal sauvage d'un mouvement lent (ours brun d'Europe, ours noir d'Amérique, ours blanc de la mer glaciale) ; les ours sont mal organisés pour la course, mais grimpent avec agilité aux arbres.

19. courtilière ou taupe-grillon, insecte qui vit sous terre et fait des dégâts dans les jardins ; a le corps allongé ; la tête petite ; des élytres rudimentaires ; elle se creuse des galeries souterraines et se tapit sous de petits monticules.

20. course. Lutte hygiénique qui consiste à arriver le premier au but proposé ; la course fortifie les muscles de locomotion ainsi que les organes de la respiration.

28ᵉ Leçon. — ann, amm.

vanneau. Oiseau de l'ordre des échassiers ; est un gibier recherché ; il fait le bruit du van quand il vole.

1. bannière. Étoffe attachée à un bâton transversal suspendu à une hampe ; est terminée en double langue et porte une inscription ou des attributs.

2. mannequin. Figure de bois ou de carton dont se servent les couturières pour la confection des vêtements.

3. manne. Panier d'osier plus long que large, où l'on met le linge, la vaisselle, ou la pâte destinée au four, etc.

4. cannelle. Robinet formé d'un morceau de bois ou de métal creusé, pour tirer du vin ou d'autres liquides.

5. flamme. Bande d'étoffe plus ou moins large et longue, terminée par une double langue ; sert à parer les navires, à égayer les fêtes.

6. vanne. Plateau mobile qui se lève et s'abaisse dans une écluse, pour ouvrir ou fermer le passage à l'eau du canal.

7. gamme. Les sept notes principales de la musique disposées dans leur ordre naturel.

8. canne à sucre. Tige d'une plante de la famille des graminées dont on extrait le sucre : le sucre de canne est transparent quand il est en gros cristaux : sucre candi.

9. ammonite. Mollusque céphalopode fossile, appelé aussi corne d'Ammon ; on en trouve beaucoup dans les terrains salifères et crétacés.

10. hanneton. Insecte de la famille des coléoptères qui paraît au printemps ; fait du bruit en volant ; vit, à l'état parfait, de vingt à trente jours ; la larve du hanneton, ou ver blanc, produit des dégâts désastreux.

11. vanneau. Oiseau de l'ordre des échassiers ; a un vol vigoureux et soutenu ; il marche en voletant et par petits sauts ; se tient près des cours d'eau, dans les prairies humides. Oiseau très utile à l'agriculture.

12. Jeanne d'Arc. Héroïne française, née à Domremy (Lorraine) en 1412, remporta plusieurs victoires ; fut brûlée vive, à Rouen, par les Anglais.

29ᵉ Leçon. — enn, enne.

renne. Quadrupède du nord de l'Europe ; y remplace les services de la plupart de nos bêtes domestiques ; les Lapons et les Samoyèdes ne pourraient se passer du renne ; il a à peu près la taille du cerf ; sa tête porte un bois très grand.

1. persienne. Châssis de bois sur lequel sont assemblées, à distance égale, des lattes inclinées ; s'ouvre en dehors de la fenêtre.

2. antennes. Appendice articulé et mobile que les insectes portent à la partie antérieure et supérieure de la tête.

3. lapin de garenne. Lapin qui vit en liberté, principalement dans les régions des collines boisées.

4. renne. Quadrupède du nord ; rend de grands services aux Lapons et aux Samoyèdes ; il broute l'herbe comme la vache : se nourrit de lichens ; lorsqu'il court, il fait entendre un craquement particulier, qui semble se produire dans l'articulation du jarret.

30ᵉ Leçon. — **imm, inn, ymn.**

gymnote ou anguille électrique, poisson en forme d'anguille, qui porte dans l'encéphale des organes qui dégagent de l'électricité ; atteint jusqu'à deux mètres de longueur ; est de couleur noirâtre ; habite les rivières de l'Amérique méridionale.

1. **immortelle.** Plante dont la fleur ne se fane point et dont on fait des couronnes mortuaires.
2. **gymnote** ou anguille électrique, n'a pas d'écailles visibles ; Cuvier dit que ses commotions électriques sont si violentes qu'elles peuvent abattre hommes et chevaux, même à distance.
3. **immobilité.** État d'une chose qui ne se meut point ; état de militaires ou d'élèves en rang, ne bougeant pas.
4. **gymnastique.** Art d'exercer le corps pour le rendre plus souple et plus fort.

31ᵉ Leçon. — **onn, omm.**

lionne. La lionne est dépourvue de crinière ; défend avec furie ses lionceaux ; elle ne vit en société du lion que peu de temps.

1. **commode.** Grand meuble à tiroirs dont le dessus est généralement une dalle de marbre.
2. **bonbonne.** Sorte de dame-jeanne, en verre ou en grès, enveloppée d'osier tressé.
3. **entonnoir.** Instrument à l'aide duquel on verse un liquide dans un tonneau, dans une bouteille.
4. **tonneau.** Grand vaisseau fait de douves de bois retenues par des cercles ; est fermé par deux fonds.
5. **colonne.** Sorte de fût, ordinairement cylindrique, avec ou sans base et chapiteau (colonne unie, cannelée, etc.).
6. **tonnelle.** Berceau couvert de plantes grimpantes, placé à proximité des maisons, pour servir d'abri ombragé.
7. **tonneau.** Instrument de jeu comprenant une table percée de trous numérotés qui reçoivent des palets de fer.
8. **couronne.** La couronne d'immortelles est destinée à être placée sur une tombe.
9. **pomme.** Fruit à pépin de forme ronde provenant du pommier. On trouve le pommier en Europe, en Asie et en Afrique. Les pommes sont ou servies à table, ou écrasées pour en cueillir le jus comme boisson.
10. **lionne.** A généralement deux à cinq lionceaux à allaiter ; elle les cache dans un lieu écarté et d'accès difficile, où elle ne rentre qu'à la dérobée et avec mille précautions pour embrouiller ses traces.
11. **pommes de terre.** Tubercules bons à manger ; sont originaires de l'Amérique méridionale ; la pomme de terre fut importée en Europe par les Espagnols après la conquête du Pérou. Ce fut Parmentier qui contribua le plus à l'expansion de la culture de la pomme de terre en France.
moissonneurs. Ceux qui font la moisson des blés arrivés à maturité ; la moisson est le couronnement de l'œuvre du cultivateur ; dans les contrées du centre et du nord de la France on est obligé de mettre les blés en javelles ; dans le midi, on les met en gerbes aussitôt qu'ils sont coupés.

32ᵉ Leçon. — **qu = qv — qu a, qu i.**

1. **aquarium.** Petit réservoir dans lequel on entretient des poissons d'eau douce. — Grand réservoir où l'on entretient des poissons de mer et des mollusques.
2. **quadrilatère.** Figure géométrique de quatre côtés égaux ou inégaux.
3. **quadrupède.** Animal qui a quatre pieds (cheval).
4. **quadrumane.** Animal qui a quatre mains (singe).

33ᵉ Leçon. — **ç = ss.**

charançon. Insecte qui mange les blés dans les greniers ; corps arrondi, ovale, plus ou moins allongé ; les élytres bombées ; ces insectes constituent un fléau pour le blé.

1. **balançoire.** Planchette suspendue à de longues cordes, sur laquelle on s'asseoit pour se balancer.
2. **charançon.** Insecte qui mange les blés. Les charançons existent quelquefois en si grande quantité dans un tas de blé qu'ils n'y laissent exactement que l'enveloppe du grain.
3. **façade.** Entrée principale d'une maison.
4. **jeune garçon.** Le petit élève qui se rend à l'école pour ne pas rester ignorant.

Nom des objets figurant dans les 34ᵉ, 35ᵉ, 36ᵉ, 37ᵉ et 38ᵉ leçons.

34ᵉ Leçon

Table — guéridon — commode — armoire — pendule — piano — glace — lavabo — canapé — berceau — calorifère — fourneau — baratte — suspension — lustre — malle — escabeau — échelle — candélabre — salière — boîte — tire-lire — cuve — étagère — machine à coudre.

35ᵉ Leçon

Casserole — passoire — marmite — chaudron — cafetière — entonnoir — cruche — carafe — verre — siphon — coupe — tasse — bol — gamelle — râpe — hachoir — lampe — lanterne — bougeoir — balance — bidon — houssoir — seau.

36ᵉ Leçon

Miroir — brosse — démêloir — dé — clé — bascule — hotte — manne — serpe — pince — clou — marteau — hache — plane — pelle — pic — étau — enclume — rémouleur — meule — auge — poulie — palan — pinceau.

37ᵉ Leçon

Laboureur — charrue — semeur — herse — rouleau — gerbe — ridelles — moule — épis — tarare — moulin — meules — pain — tarte — pâté — gâteau — maïs — canne à sucre — hanneton — charançon — alucite — faneurs — râteau — fourche.

38ᵉ Leçon

Diligence — traîneau — train — viaduc — disque — quai — wagon — bateau à vapeur — drapeau — phare — bouée — sémaphore — ancre — boussole — vigie — hamac — rivière — barque — remorqueur — périssoire — gondole — radeau — ballon.

TROISIÈME LIVRET

anguille. Poisson d'eau douce qui a la forme d'un serpent; pendant le jour, l'anguille se tient au fond de l'eau, dans la vase; par les nuits sombres, elle sort souvent et s'éloigne du rivage à une certaine distance.

1. **ardillons**. Pointes de métal au milieu d'une boucle pour arrêter la courroie.
2. **étrille**. Instrument de fer formé de petites lames dentelées pour enlever les malpropretés qui s'attachent au poil des chevaux.
3. **faucille**. Instrument pour couper le blé; consiste dans une lame d'acier courbée en demi-cercle; il y a des faucilles à dents et à tranchants; on se sert aussi de machines à moissonner.
4. **béquille**. Bâton surmonté d'une petite traverse, sur lequel les gens infirmes s'appuient.
5. **vrille**. Petit outil en forme de vis qui sert à percer des trous dans le bois.
6. **quille**. Morceau de bois cylindrique, à tête, dont on se sert dans le jeu de quilles (fait par le tourneur).
7. **grillage**. Garniture de fil de fer en treillis, qu'on place aux fenêtres, aux portes à jour, autour de propriétés.
8. **coquille**. Enveloppe dure et calcaire qui couvre les mollusques dits testacés.
9. **échenilloir**. Instrument destiné à couper les rameaux d'arbres chargés de chenilles.
10. **lentille**. Verre taillé en forme de lentille, c'est-à-dire convexe sur les deux faces.
11. **grille**. Assemblage, à claire-voie, de barreaux de fer pour servir de porte ou de clôture.
12. **chènille**. Larve de lépidoptère, garnie de pattes, et qui se change en chrysalide; le corps des chenilles est composé de douze anneaux mobiles, la tête non comprise; il y en a une grande variété.
13. **papillon**. Insecte à quatre ailes couvertes d'écailles fines comme la poussière, et paré de couleurs plus ou moins vives (chenille, chrysalide, papillon).
14. **grillon**. Petit insecte qui se tient dans les lieux chauds et dont le cri est aigu et perçant; a les antennes fort allongées; vit dans les maisons, dans les cuisines, derrière les cheminées, dans les fentes de murailles.
15. **anguille**. Poisson d'eau douce de la forme d'un serpent; pendant le jour reste au fond de l'eau, dans la vase; à la nuit, lorsqu'elle est sombre, sort de l'eau et s'éloigne du rivage.
16. **torpille**. Poisson du genre raie, remarquable par sa propriété électrique; produit à volonté, dans les membres des animaux ou des hommes qui le touchent, une commotion stupéfiante.
16. **taupe-grillon**. Nom vulgaire de la courtilière, qui est un fléau pour les jardins; insecte qui vit sous terre, dans des galeries souterraines qu'il se creuse; déchire les racines des plantes.
18. **gorille**. La plus grande espèce de singe qu'on trouve dans plusieurs contrées de l'Afrique; est d'une férocité brutale qui inspire la frayeur.
19. **aiguilleur**. Employé de chemin de fer qui dispose les aiguilles sur une voie ferrée, pour diriger le train sur la ligne qu'il doit prendre.
20. **artilleurs**. Soldats qui manient les canons et autres pièces d'artillerie.

caille. Genre de gallinacés, voisin des perdrix; a une queue plus courte; a le dos ondé de noir; elle est célèbre par ses migrations; visite, selon les saisons, l'Europe, une partie de l'Asie et l'Afrique.

1. **éventail**. Sorte d'écran qui se replie sur lui-même et avec lequel on s'évente.
2. **tenaille**. Instrument de fer composé de deux pièces mobiles, pour tenir et arracher quelque chose.
3. **maille**. Ouverture que forme le fil, la soie, la laine, etc., dans les filets, dans les tissus tricotés dans les fils de fer en treillage.
4. **cotte de mailles**. Sorte de chemise faite de petits anneaux de fer pour garantir le corps contre les coups d'armes offensives.
5. **moraillon**. Pièce de fer avec un anneau qui sert à recevoir un cadenas pour fermer un coffre.
6. **médaille**. Pièce de métal frappée en mémoire d'une action mémorable; décernée au mérite.
7. **médaillon**. Bijou de forme circulaire ou ovale dans lequel on place un portrait, des cheveux, etc.
8. **paillasson**. Natte de paille ou de sparterie (jonc d'Espagne), qu'on place à la porte des appartements pour essuyer les pieds.
9. **mail**. Petite masse cylindrique, munie d'un anneau de fer à chaque extrémité, dont on se sert pour pousser une boule de bois.
10. **soupirail**. Ouverture pour éclairer, aérer une cave, un souterrain.
11. **taille-mer**. Partie inférieure de l'éperon d'un navire pour fendre plus facilement l'eau de la mer.
12. **gouvernail**. Appareil attaché à l'arrière d'un navire, et qui sert à le gouverner.
13. **corail**. Sorte de polypier, dont le support calcaire, blanc, rouge ou de couleur terne, sert à fabriquer des bijoux; la pêche du corail est faite par les Italiens et les Espagnols sur les côtes d'Italie et d'Algérie.
14. **botte de paille**. Assemblage, à l'aide d'un lien, du chaume de graminées, quand on a retiré les graina de l'épi.
15. **ail**. Espèce d'oignon d'une odeur très forte, composé de gousses; on a connu l'ail dès la plus haute antiquité comme plante potagère; croît spontanément en Égypte, en Grèce, en Sicile, en Provence; assaisonnement sain.
16. **caille**. Genre de gallinacés voisin des perdrix; l'instinct de migration est tellement prononcé chez la caille, que celles qui sont en captivité éprouvent, à cette époque, des inquiétudes, des agitations singulières; elles n'ont plus de repos, la nuit, et s'élèvent avec violence dans leur cage.

corneille. Oiseau de l'espèce du corbeau, mais plus petit; la corneille recherche surtout les noix; se nourrit d'insectes, de petits oiseaux et des débris d'animaux putréfiés.

1. **bouteille**. Vase à goulot étroit, fait généralement en verre, et destiné à renfermer du vin ou d'autres liquides.
2. **réveille-matin**. Horloge dont le carillon sert à réveiller à l'heure à laquelle on a mis l'aiguille, en se couchant.

3. corbeille de fleurs. Sorte de panier d'osier, rempli de fleurs.

4. soleil se lève. Astre qui produit la lumière du jour et la chaleur qui vivifie la nature ; semble se lever et se coucher ; tourne autour de la terre une fois par an ; la masse du soleil est 360.000 plus grande que celle de la terre.

5. porte-bouteilles. Châssis à rayons servant à contenir des bouteilles placées horizontalement.

6. treillage. Assemblage de lattes en treillis, c'est-à-dire qui imite les mailles d'un filet.

7. soleil. Appelé aussi tournesol, grande fleur jaune.

8. treille. Ceps de vigne élevés contre un mur ou un treillage ; la treille demande l'exposition la plus sèche et la plus chaude possible ; celle du sud-est semble être la plus favorable dans le nord et le centre de la France.

9. pince-oreille ou perce-oreille, insecte qui s'attache à des plantes, à certains fruits, et fait des ravages sous les écorces des arbres.

10. abeille ou mouche à miel, insecte qui produit du miel et de la cire ; les abeilles vivent en sociétés nombreuses, sortes de cités régies par des lois fixes où existent plusieurs castes et où le travail est divisé d'une manière régulière.

11. corneille. Les corneilles changent de demeure deux fois par an ; à la fin de l'automne elles arrivent en troupes ; au commencement du printemps la plupart se rendent dans le nord de l'Europe.

12. oreille. Organe de l'ouïe, placé de chaque côté de la tête ; oreille externe, moyenne, interne.

5e Leçon. — euil, œil.

écureuil. Petit quadrupède de la famille des rongeurs, à poil roux, à queue longue et touffue en forme de panache ; se tient sur les arbres les plus élevés des forêts de l'Europe et du nord de l'Asie.

1. fauteuil. Grande chaise à bras et à dossier.

2. treuil. Cylindre de bois tournant sur son axe pour élever des fardeaux.

3. œil. Organe de la vue ; on aperçoit les sourcils, les paupières, les cils, le globe de l'œil et au milieu l'iris et la pupille ; la pupille sert au passage des rayons lumineux.

4. œillère. Partie de la bride qui garantit l'œil du cheval et l'empêche de voir de côté.

5. œil-de-bœuf. Fenêtre ronde qui se prend dans un fronton, un attique, dans les reins d'une voûte, dans la couverture d'une maison.

6. trompe-l'œil. Tableau où une perspective est représentée avec une vérité qui fait illusion.

7. portefeuille. Carton couvert de toile ou de cuir, plié en deux, et à plusieurs compartiments ; destiné à renfermer des papiers.

8. feuille de chêne. La feuille du chêne est découpée d'une manière irrégulière ; présente de larges dents arrondies sur ses bords.

9. feuille d'acacia. La feuille d'acacia est composée de folioles opposées, c'est-à-dire placées l'une en face de l'autre.

10. bouvreuil. Oiseau chanteur du genre des moineaux ; a la tête noire et la gorge rouge ; un bec très court ; très gros, très fort ; il devient aisément familier ; son chant n'est composé que de trois notes ; un de nos plus beaux oiseaux.

11. écureuil. Passe généralement sa vie sur les arbres, sautant de branche en branche ; à terre il ne s'avance que par bonds ; lorsqu'il s'assied il s'abrite de sa queue ; sa chair est estimée.

12. chevreuil. Mammifère ruminant du genre cerf ; les bois s'élèvent perpendiculairement au-dessus de la tête ; c'est le plus petit des cerfs d'Europe ; sa chair est beaucoup plus délicate que celle du cerf ; il est gai, leste et éveillé.

6e Leçon. — oui, suivi de l et ll.

grenouille. Batracien qui vit ordinairement dans les marais ; a le museau terminé en pointe ; la bouche largement fendue ; sa marche consiste en une série de sauts ; les grenouilles détruisent nombre d'insectes nuisibles.

1. quenouille. Bâton droit, généralement orné, entouré, vers le haut, de touffes de chanvre, de lin, de soie destinées à être filées.

2. bouillotte. Cylindre en terre cuite ou en métal, rempli d'eau bouillante pour chauffer les pieds.

3. bouilloire. Vase de métal avec anse pour faire bouillir de l'eau.

4. douille. Partie creuse et cylindrique d'un instrument en fer comme pique, bêche, baïonnette, pour fixer ou consolider.

5. genouillère. Enveloppe de cuir qu'on attache aux genoux des chevaux pour les empêcher de se couronner.

6. gargouille. Endroit d'une gouttière par où l'eau tombe ; on remarque des gouttières d'une grande originalité aux anciens monuments.

7. citrouille. Nom vulgaire de plusieurs espèces de courges, à fruits très gros et comestibles.

8. grenouille. Se plaît dans l'herbe des prés, au bord des fontaines, des ruisseaux, des étangs où elle s'élance avec légèreté au moindre danger ; elle nage avec une certaine grâce.

7e Leçon. — gn, suivi d'une voyelle.

cigogne. Gros oiseau de passage de l'ordre des échassiers, long de 1 mètre, pour lequel le peuple a un respect particulier ; elle fixe son domicile sur nos maisons ; son naturel est doux ; elle a un vol puissant et soutenu.

1. peigne. Instrument de buis, d'écaille et d'ivoire, taillé en forme de dents, qui sert à nettoyer la tête.

2. baignoire. Cuve en métal, en pierre, en marbre, etc., où l'on se baigne ; les baignoires émaillées à l'intérieur se nettoient très facilement.

3. cognée. Instrument tranchant en forme de hache moins large que celle-ci.

4. poignée d'une épée. Partie de l'épée que la main empoigne, saisit ; il y a des poignées richement ornées.

5. enseigne. Tableau avec inscriptions, placé à la devanture d'un magasin pour indiquer le genre de commerce.

6. pignon. Partie supérieure du mur, qui se termine en pointe, dans une maison à deux toits.

7. ligne télégraphique. Ensemble de fils télégraphiques, qui transmettent les courants électriques.

8. châtaigne. Fruit du châtaignier.

9. pêcheur à la ligne. Pêcheur qui prend de petits poissons à l'aide d'une ligne composée d'un bâton, d'un fil et d'un hameçon muni d'une amorce.

10. vigneron. Qui cultive la vigne ; le meilleur vigneron est celui qui a acquis le plus d'expérience et fait le plus d'études, au sujet de la culture de la vigne.

11. baignade. Action de se baigner dans l'eau courante ou stagnante ; il faut laisser s'écouler 4 ou 5 heures après le repas, avant de prendre un bain.

12. champignons. Genre de végétaux cryptogames, dont certaines espèces sont bonnes à manger, et les autres vénéneuses.

13. éteignoir. Petit instrument creux, en forme d'entonnoir, pour éteindre la bougie ou la chandelle.

14. araignée. Articulé à huit pattes et sans ailes ; corps globuleux ; tend une toile où elle se tient à l'affût ; elle suce le sang de l'insecte capturé ; elle n'est pas nuisible et plutôt utile.

15. rossignol. Petit oiseau dont le chant est très agréable ; charme toujours par ses refrains et ne se répète jamais, du moins jamais servilement ; c'est le coryphée du printemps.

16. cigogne. La cigogne fait de fort longs voyages ; c'est en Alsace et en Lorraine qu'on voit le plus de cigognes ; en hiver elles se retirent en Afrique pour revenir au printemps.

17. cygne. Oiseau aquatique de l'ordre des palmipèdes, dont l'espèce commune a le plumage d'un blanc éclatant ; sur les eaux il nage vite et avec grâce ; à terre, il marche lourdement ; vit chez nous en domesticité.

18. épagneul. Originaire d'Espagne, a un poil long et soyeux ; les oreilles longues et pendantes ; les jambes peu élevées ; il y a de grands et de petits épagneuls.

19. campagnol. Est grand comme une souris ; cendré, roussâtre, blanc sale en dessous ; produit de grands ravages ; on le rencontre dans toutes les contrées de l'Europe ; il se creuse des trous dans les champs et y amasse des grains pour l'hiver.

20. vigogne. Mammifère ruminant du Pérou et de la Bolivie, du genre lama ; a une taille plus petite que le lama, une laine plus longue, plus fine et plus soyeuse.

8ᵉ Leçon. — et, à la fin des mots.

brochet. Poisson d'eau douce ; a le museau oblong, obtus, large, déprimé ; le corps allongé, fusiforme, couvert de petites écailles dures ; vit de poissons et est très vorace ; chair agréable au goût.

1. gobelet. Vase en fer-blanc, en argent ou en métal quelconque, qui sert à boire.

2. baquet. Petit cuvier en bois dur, composé d'un fond et de douves retenues à l'aide de cercles.

3. robinet. Mécanisme qui sert à retenir ou à laisser couler un liquide contenu dans un récipient.

4. bracelet. Ornement en argent ou en or que les femmes portent au bras.

5. tabouret. Petit siège à quatre pieds, qui n'a ni bras, ni dos.

6. soufflet. Instrument qui sert à souffler, c'est-à-dire à porter sur le feu une masse d'air, par conséquent une grande quantité d'oxygène.

7. buffet. Armoire destinée à contenir la vaisselle, le linge de table, les couverts, etc.

8. bilboquet. Jouet, formé d'une boule où est pratiqué un trou circulaire et d'un petit bâton tourné, évasé à un bout et cylindrique à l'autre.

9. pistolet. Arme à feu de petite dimension, qui se tire d'une seule main.

10. chevalet. Support en bois sur lequel les peintres posent leurs tableaux pour travailler.

11. sifflet. Petit instrument servant à donner des signaux en sifflant.

12. rouet. Machine à roue qui sert à filer du chanvre ou du lin.

13. bouquet. Assemblage de fleurs retenu à l'aide d'un lien.

14. bluet. Centaurée à fleur bleue, très commune dans les blés.

15. criquet. Sorte de sauterelles volantes, qui causent souvent de grands dégâts aux récoltes de l'Algérie.

16. chardonneret. Petit oiseau du genre des passereaux qui aime à se nourrir de graines de chardon ; il se plaît dans les jardins et les vergers ; son nid est admirable comme construction et comme confortable.

17. sansonnet. Nom vulgaire de l'étourneau ; a un plumage noir à reflets métalliques, violacés et verdâtres ; se plaît à répéter, dans un gazouillement grave et articulé, les phrases et les refrains qu'il entend habituellement.

18. perroquet. Oiseau de l'ordre des grimpeurs, remarquable par la facilité avec laquelle il imite la voix humaine ; habite les contrées les plus chaudes ; on le rencontre en Afrique, en Amérique et dans beaucoup d'îles.

19. mulet. Animal qui ressemble au cheval et à l'âne ; rend de grands services.

20. basset. Chien de chasse ; jambes basses et torses ; oreilles longues et pendantes ; nez fin et pointu ; aptitude à la chasse au bois ; taille très variée.

9ᵉ Leçon. — et, à la fin des mots.

chouette. Oiseau nocturne qui tient du hibou et du chat-huant ; a une grosse tête ; de grands yeux dirigés en avant et entourés de plumes et où l'on remarque une pupille énorme ; vit surtout de souris et de petits oiseaux.

1. casquette. Coiffure avec visière.

2. targette. Petit verrou plat qu'on met aux portes et aux fenêtres pour les fermer à l'intérieur.

3. épaulette. Large galon garni de franges, que les militaires portent sur l'épaule.

4. banquette. Banc rembourré et sans dossier.

5. serpette. Petite serpe, instrument recourbé pour tailler des arbres.

6. toilette. Meuble avec glace, garni d'objets destiné aux soins de la coiffure et de la propreté.

7. castagnettes. Instrument composé de deux petits morceaux de buis ou d'ivoire creusés, que l'on s'attache aux doigts et qu'on fait résonner en les frappant l'un contre l'autre.

8. pincette. Ustensile à deux branches, pour arranger le feu.

9. roulette. Petite roue tournant dans tous les sens, vissée sous les pieds des meubles pour faciliter leur déplacement.

10. navette. Instrument de bois avec lequel le tisserand fait courir le fil sur le métier, dans la chaîne.

11. palette. Petite planchette mince sur laquelle les peintres placent les couleurs dont ils vont se servir.

12. raquette. Instrument pour jouer à la paume ou au volant.

13. pâquerettes. Petites marguerites blanches qui fleurissent dès les premiers jours du printemps, vers Pâques.

14. crevette. Petite écrevisse de mer que l'on pêche principalement sur les bords de l'Atlantique.

15. bergeronnette. Petit oiseau noir et blanc, nommé aussi hoche-queue ou lavandière ; aime le voisinage des troupeaux.

16. alouette. Petit oiseau des champs qui chante en montant presque perpendiculairement dans les airs, c'est le matin et le soir, surtout, qu'on l'entend répéter ses refrains joyeux.

17. aigrette. Sorte de héron qui doit son nom aux plumes grêles et longues qui ornent sa tête et ses épaules ; ces plumes sont recherchées comme parure.

18. mouette. Oiseau de mer de l'ordre des palmipèdes ; nage très bien et vole presque continuellement sur l'eau, même au milieu des plus fortes tempêtes ; les mouettes se tiennent en troupes sur les rochers et les écueils ; ce sont des oiseaux lâches, voraces et criards.

19. chouette. Oiseau nocturne ; les petits oiseaux ont, contre la chouette, une si grande antipathie qu'ils se réunissent de toutes parts pour l'attaquer ; la chouette a le bec et les oreilles du hibou, mais n'a pas d'aigrettes.

20. civette. Quadrupède carnivore qui donne une matière grasse appelée civette employée en parfumerie ; est de petite taille, d'un pelage gris ou fauve, marqué de bandes plus foncées et symétriques.

10ᵉ Leçon. — ien, à la fin des mots.

chien (terre-neuve)..Chien de la race des barbets ; est de forte taille et a une aptitude naturelle pour aller à l'eau ; est doux et fidèle.

Indien. Homme, originaire des Indes. A la découverte de l'Amérique, on appela Indiens, les indigènes. L'Indien ne se sépare jamais de son arc et de sa flèche et se pare de plumes diverses.

levrette. Est svelte, légère et très élancée ; a des jambes très longues ; un museau pointu et allongé et un poil court et lisse ; a peu d'intelligence et de flair ; mais atteint facilement le lièvre en plaine.

épagneul. Originaire d'Espagne ; a un poil long et soyeux ; les oreilles longues et pendantes ; les jambes peu élevées ; il y a de grands et de petits épagneuls.

caniche ou chien mouton. A une tête ronde, des oreilles pendantes, l'œil plein de douceur ; est d'une intelligence extraordinaire.

basset. Chien de chasse qui a les jambes basses et torses, les oreilles longues et pendantes, le nez fin et pointu ; est très apte à la chasse au bois ; il y des bassets de taille très variée.

dogue. Chien de garde à grosse tête et à museau aplati, à nez écrasé ; de forme pesante et d'une fidélité exemplaire ; a peu de flair et n'est pas utile à la chasse.

11ᵉ Leçon. — ier, prononcé *ié* à la fin des mots.

sanglier. Porc sauvage dont l'espèce est répandue dans les contrées tempérées de l'Europe et de l'Asie ; a des jambes basses et un corps ramassé ; son pelage est rude et d'un brun noirâtre.

1. **soulier.** Chaussure à talons qui couvre le pied.
2. **encrier.** Vase en verre, généralement lourd et à base large, où l'on met l'encre.
3. **moutardier.** Petit vase où l'on met la moutarde.
4. **mortier.** Vase en métal, marbre ou pierre, dans lequel on pile des drogues ou d'autres matières.
5. **panier.** Ustensile d'osier, à anse ou non, qui sert à contenir des provisions, des marchandises.
6. **sommier.** Matelas de crin, avec ressorts, qui sert de paillasse dans un lit.
7. **chandelier.** Ustensile qui sert à recevoir une chandelle ou une bougie.
8. **collier.** Cercle en cuir avec anneau pour l'attache, ou plaque avec adresse du chien.
9. **balancier.** Lentille en métal retenue par une tige et dont le mouvement régulier règle la marche d'un mécanisme.
10. **escalier.** Suite de degrés ou marches pour monter et pour descendre.
11. **pigeonnier.** Habitation préparée pour les pigeons domestiques, placée à la partie supérieure d'une maison, et généralement blanchie à la chaux pour être vue de loin.
12. **presse-papier.** Objet lourd que l'on met sur les papiers pour les maintenir.
13. **damier.** Surface plane, divisée en cases blanches et noires, pour jouer aux dames et aux échecs.
14. **palmier.** Les palmiers font le principal ornement des pays chauds; il y a plus de 600 espèces de palmiers connus; la tige est ligneuse; on en rencontre dans le midi de la France.
15. **branche de laurier.** Branche d'un arbre toujours vert; symbole de la gloire; a des feuilles alternes et lancéolées; est spontané en Orient où il forme des forêts; ses feuilles aromatiques sont employées à la cuisine.
16. **peupliers.** Grands arbres, généralement élancés, qui croissent dans les lieux humides.
17. **rameau d'olivier.** Rameau d'un arbre qui porte des olives; il atteint généralement cinq mètres de hauteur; c'est en Orient, en Grèce, en Italie où l'olivier atteint des dimensions plus grandes; ses feuilles sont oblongues et lancéolées; originaire de l'Asie Mineure.
18. **lévrier.** Chien à hautes jambes, propre à la chasse du lièvre; mais a peu d'odorat et est d'une intelligence bornée.
19. **sanglier.** Porc sauvage qui vit dans les bois, au milieu des fourrés humides. Le jour il reste couché dans un gîte qu'on appelle bauge; le soir il va chercher sa nourriture.
20. **fourmilier.** Quadrupède d'Amérique, qui vit de fourmis; a le museau long terminé par une bouche petite, contenant une langue filiforme très extensible, toujours chargée d'une liqueur visqueuse; c'est avec cette langue qu'il prend les fourmis, grosseur d'un grand mouton.

12ᵉ Leçon. — ier, er, prononcés *ié, é* à la fin des mots.

fourmilier. Quadrupède d'Amérique qui vit de fourmis; ses pattes antérieures robustes, et armées d'ongles vigoureux, lui servent de défenses.
1. **sucrier.** Vase où l'on met le sucre.
2. **métier à tisser.** Métier de tisserand servant à faire un tissu à la main.
3. **panier à bouteilles.** Panier à compartiments servant à caser des bouteilles.
4. **une plume d'acier.** Plume en acier qui remplace l'ancienne plume d'oie, et qui est fabriquée en gros dans des manufactures.
5. **un mortier.** Bouche à feu, très courte, pour lancer des bombes.
6. **évier.** Table formée d'une pierre creusée sur laquelle on lave la vaisselle.
7. **oranger.** Arbre toujours vert qui porte des oranges et dont on utilise aussi la fleur et les feuilles.
8. **boulanger.** Celui qui fait et vend du pain.
9. **berger.** Celui qui garde les moutons.
10. **sellier.** Celui qui confectionne les selles et les harnais.

11. **serrurier.** Celui qui travaille le fer, fait des serrures, des clés, des grilles.
12. **jardinier.** Celui qui cultive les légumes et les fleurs du jardin.
13. **chiffonnier.** Celui qui ramasse les chiffons jetés dans la rue pour les revendre (papier).
14. **charpentier.** Celui qui équarrit les poutres à l'aide d'une hache.
15. **chevrier.** Celui qui garde les chèvres.
16. **cordonnier.** Celui qui fait des chaussures.
17. **cordier.** Celui qui fait des cordes.
18. **chapelier.** Celui qui fait des chapeaux.
19. **tonnelier.** Celui qui confectionne des tonneaux.
20. **pompier.** Soldat ou citoyen chargé d'accourir sur les lieux d'incendie pour combattre le feu; se couvre la tête d'un casque.

13ᵉ Leçon. — tion, tiel, tial, prononcés *sion, siel, sial.*

gentiane. Plante herbacée, à feuilles opposées et à fleurs souvent parées des plus vives couleurs. La gentiane jaune croît dans les Alpes, le Jura, les Vosges, les Pyrénées, à une altitude élevée; sa racine est très amère et possède des propriétés médicinales.
1. **station.** Lieu où s'arrêtent les trains de chemins de fer; où s'embarquent et débarquent les voyageurs.
2. **décoration.** Signe distinctif d'un ordre de chevalerie.
3. **addition.** Opération qui sert à réunir plusieurs nombres de même espèce en un seul qu'on appelle somme ou total.
4. **soustraction.** Opération par laquelle on retranche un nombre d'un autre nombre de même espèce, le résultat s'appelle reste, excès ou différence.
5. **multiplication.** Opération qui sert à répéter un nombre, appelé multiplicande, autant de fois qu'il y a d'unités dans un autre nombre appelé multiplicateur.
6. **gentiane.** Plante dont la racine est très amère et possède des propriétés toniques, vermifuges, stomachiques.
7. **factionnaire.** Militaire qui monte la garde auprès de la guérite.
8. **réconciliation.** Raccommodement, après le duel, entre les deux adversaires.

14ᵉ Leçon. — ment, prononcé *man* à la fin des mots.

campement. Endroit où l'on a établi des tentes pour camper.
2. **bombardement.** Action de lancer des bombes, des obus sur les habitations pour les incendier et pour tuer les gens.
3. **alignement.** Les arbres sont alignés quand ils sont bien en ligne droite.
4. **déménagement.** Action de transporter le mobilier d'un endroit dans un autre.

15ᵉ Leçon. — y entre deux voyelles.

coq de bruyère. Sorte de grand gallinacé qui habite surtout le nord de l'Europe; a les jambes recouvertes de plumes; la plus grande espèce dépasse même la taille du dindon; son plumage est de couleur ardoisé.
1. **rayon.** Toute ligne droite allant du centre à la circonférence.
2. **sac de voyage.** Sac en cuir ou en étoffe, avec fermeture, servant à renfermer des vêtements et des objets de voyage.
3. **boyau.** Houe à lame forte, aplatie, taillée en biseau, employée au défoncement des terrains.
4. **portecrayon.** Instrument dans lequel on met un crayon.
5. **tuyau.** Tube coudé, en tôle, servant à conduire la fumée dans la cheminée.
6. **foyer.** Endroit de la cheminée où l'on fait du feu.

7. coq de bruyère. Grand gallinacé qui habite surtout le nord de l'Europe ; est un oiseau farouche et défiant, qui n'a jamais pu être élevé en domesticité ; il se nourrit de baies et de bourgeons.

8. cobaye ou cochon d'Inde. Genre de rongeur, est bien connu ; il est originaire du Brésil et est fort répandu en Europe ; on l'élève dans les maisons parce qu'on suppose que son odeur éloigne les rats.

16ᵉ Leçon — s, entre deux voyelles.

faisan. Oiseau de l'ordre des gallinacés ; a les joues en partie démunies de plumes et garnies d'une peau rouge ; ses formes sont élégantes ; son port est gracieux et son plumage est agréablement varié ; il y a plusieurs espèces de faisans.

1. chaise. Siège à dossier sans bras.

2. casse-noisette. Instrument pour casser des noisettes, composé de deux branches.

3. rasoir. Instrument dont on se sert pour faire la barbe.

4. arrosoir. Ustensile pour arroser.

5. valise. Long sac de cuir, avec poignées, pour être porté à la main.

6. jalousie. Claie formée de baguettes minces ou de lamelles, placées horizontalement, qui permet de voir à travers sans être vu.

7. muselière. Appareil qu'on met aux animaux pour les empêcher de mordre.

8. rosace. Ornement d'architecture, en forme de rose ou d'étoile ; ornement de même forme dans un vitrail.

9. écluse. Clôture, avec porte mobile, établie sur une rivière ou sur un canal, pour retenir ou faire écouler les eaux.

10. cerises. Fruit du cerisier ; son goût agréable, sa venue précoce, le rendent précieux. On conserve les cerises, sous forme de confitures, dans l'eau-de-vie ; on en fait aussi des liqueurs ; tels que le marasquin, le kirschen-wasser.

11. raisin. Fruit de la vigne ; on consomme le raisin frais ou desséché ; ce sont les vignes du midi de l'Europe qui donnent les meilleurs raisins secs à cause de la grande quantité de sucre qu'ils contiennent ; mais la plus grande partie de la récolte du raisin sert à faire du vin.

12. cousin. Moucheron très avide du sang de l'homme ; la femelle du cousin perce la peau avec une trompe longue et menue ; extrait le sang au moyen d'un suçoir en même temps qu'elle verse du venin dans l'ouverture faite.

13. demoiselle ou libellule. Est un insecte d'une forme svelte et élégante, et présente des couleurs agréables et variées ; sa tête est grosse et porte deux grands yeux ; on la voit voltiger surtout près des cours d'eau où elle saisit sa proie.

14. faisan. Est un oiseau d'un naturel très farouche et d'une intelligence bornée ; à l'état de liberté, il vit solitaire et s'envole au moindre bruit.

15. musaraigne. Petit animal carnassier de la grosseur d'une souris ; a le corps couvert de poils fins, courts, doux et soyeux ; un museau allongé en pointe ; de grandes oreilles ; il se nourrit de vers et d'insectes ce qui le rend utile à l'agriculture.

16. casoar. Grand oiseau de l'ordre des échassiers ; a des ailes plus courtes que l'autruche ; sa tête est surmontée d'une proéminence osseuse ; il vit de fruits et d'œufs ; originaire du Pérou ; aujourd'hui il est assez répandu en Europe.

17. oiseau-mouche. Très petit oiseau d'Amérique qui forme un sous-genre de colibri ; a le bec droit ; il y en a qui ne sont pas plus gros qu'une abeille ; on en connaît plusieurs espèces de couleurs vives et variées.

18. buse. Oiseau de proie de la famille des faucons ; fait une chasse active au petit gibier ; la buse reste des heures entières à guetter sa proie ; elle a les ailes longues ; est très répandue dans nos pays.

19. bison. Bœuf sauvage de l'Amérique du Nord ; sa tête osseuse ainsi que son cou fort sont couverts d'une laine crépue qui devient plus longue en hiver ; les bisons sont farouches et se réunissent en troupes innombrables pour chercher de nouveaux pâturages.

20. fileuse. Celle qui fait du fil à l'aide d'un rouet et d'une quenouille.

17ᵉ Leçon. — c, non prononcé.

porc. Animal domestique provenant de la race du porc sauvage ou sanglier ; malgré l'ancienneté de sa domesticité, son naturel est resté brut, sauvage et tout à fait rustique ; sa voracité et sa gloutonnerie sont connues.

1. franc. Pièce de monnaie en argent de 23 millimètres de diamètre et du poids de 5 grammes.

2. banc. Siège étroit et long avec dossier ou sans dossier.

3. broc. Grand vase à anse, à bois cerclé ou en métal, pour mettre du vin ou d'autres liquides.

4. croc. Sorte de crochet auquel on suspend quelque chose.

5. cric. Machine à crémaillère et à manivelle servant à soulever les fardeaux.

6. tronc. Le gros d'un arbre sans les branches.

7. porc. Animal domestique, a le museau terminé par un boutoir tronqué, propre à fouir la terre et renfermant un petit os appelé os du boutoir ; il a les yeux petits, le corps couvert de poils rudes appelés soies.

8. cheval blanc. Cheval à robe blanche.

18ᵉ Leçon. — g, non prononcé.

hareng. Poisson de mer d'une moyenne grosseur ; habite depuis l'Océan boréal et les mers qui se tiennent, jusqu'à la Loire ; de la profondeur des mers ces poissons montent par myriades à la surface, où les pêcheurs les capturent à l'aide d'immenses filets.

1. doigtier. Espèce de fourreau en forme de doigt de gant, dont on recouvre un doigt malade.

2. joug. Pièce de bois qu'on met par-dessus la tête des bœufs pour les atteler.

3. poing. Main fermée.

4. coing. Fruit du cognassier ; genre d'arbres de la famille des rosacées (confitures de coings).

5. sangsue. Ver aquatique noir que la médecine emploie pour les saignées locales. La sangsue a une peau coriace et visqueuse ; leur corps se compose de nombreux anneaux ou segments.

6. hareng. En Norvège, la pêche des harengs a produit en 1862, près d'un milliard cent cinquante millions de harengs ; sur la côte de Gothembourg, on en prend jusqu'à sept cent millions par an.

7. orang-outang. Espèce de grand singe rappelant beaucoup les formes de l'homme ; ses mains touchent terre quand il cherche à se tenir debout ; il a le menton fuyant, un front presque nul ; il est d'une brutalité farouche.

8. scieurs de long. Ouvriers qui scient un tronc d'arbre placé sur des tréteaux ; emploient une grande scie.

19ᵉ Leçon. — d, non prononcé.

homard. Grosse écrevisse de mer que l'on trouve dans la Méditerranée, dans l'Océan, dans les mers de l'Amérique ; le homard porte deux grandes pinces à la tête ; la langouste en est dépourvue.

1. nœud ou enlacement fait avec un ruban, une cravate.

2. rond de serviette. Anneau en métal, en bois ou en ivoire, recevant une serviette de table roulée.

3. réchaud. Ustensile de ménage servant à tenir chauds les aliments préparés.

4. billard. Table de jeu, à rebords élastiques, qui sert à faire rencontrer des billes d'ivoire selon de certaines règles.

5. gond. Morceau de fer coudé et rond sur lequel tourne une porte.

6. gland. Fruit du chêne ; peut servir à l'alimentation et à l'engraissement des porcs ; il y a des glands doux et des glands amers ; on a calculé qu'un hectolitre suffit à un porc pendant un mois.

7. nid. Sorte de petit berceau que se construisent les oiseaux pour y déposer leurs œufs.

8. poignard. Arme courte, pointue et tranchante.

9. gland. Ornement de fil, de laine ou de soie, fait en forme de gland.

10. lézard. Reptile ovipare à quatre pattes et à longue queue; il y a de nombreuses espèces de lézards qui sont généralement remarquables par leurs couleurs éclatantes et variées, leur forme gracieuse et leur agilité; rendent de grands services à l'agriculture.

11. homard. Grosse écrevisse de mer; aime les côtes pierreuses, les rochers dans les fissures desquels ils se cachent, quelquefois à plusieurs centaines de mètres de profondeur; ces crustacés vivent de poissons et de mollusques.

12. têtard. Première forme de la grenouille, du crapaud et de la salamandre, ainsi nommée à cause du volume de sa partie antérieure.

13. crapaud. Reptile batracien, amphibie, venimeux, à corps plus trapu que la grenouille; saute mal, se traîne péniblement au lieu de marcher; pendant les hivers froids, il reste engourdi dans des trous.

14. canard. Oiseau palmipède qui aime à séjourner dans l'eau; a un bec grand et large garni sur ses bords d'une rangée de lames saillantes, minces, transversales, destinées à laisser écouler l'eau lorsqu'il a saisi sa proie.

15. goéland ou grande mouette. Oiseau de mer, plus grand que le canard; a un bec long, comprimé, pointu; des jambes assez longues; on rencontre des goélands par bandes innombrables, à d'énormes distances des bords de la mer; leur chair est dure et de mauvais goût.

16. renard. Quadrupède du genre chien, à queue velue et à museau pointu; est la terreur des poulaillers; se tient dans un terrier qui a plusieurs issues et qu'il a divisé en compartiments de forme différente.

17. léopard. Quadrupède carnassier du genre chat dont le pelage est parsemé de taches isolées; est plus grand que la panthère; queue annelée; habite les forêts de l'Afrique, en particulier le Sénégal et la Gambie; il grimpe aux arbres avec agilité et poursuit les singes.

18. chevrillard. Jeune chevreuil du genre cerf; animal gai, leste, éveillé, gracieux dans ses mouvements; reste huit ou neuf mois avec ses parents.

19. isard. Espèce de chamois des Pyrénées; ses cornes sont lisses, recourbées brusquement en arrière près de leur pointe; est de la taille d'une grande chèvre; les isards vivent en troupes au milieu des rochers escarpés.

20. marchand de marrons. Marchand qui apparaît à l'entrée de l'hiver; prépare et vend des marrons cuits.

20e Leçon. — *h*, non prononcé.

panthère. Quadrupède carnassier, du genre chat, qui a la peau mouchetée; est plus petit que le léopard; on la rencontre dans les parties chaudes de l'Asie et dans l'archipel des Indes, grimpe aux arbres avec agilité.

1. théière. Vase pour faire infuser ou contenir du thé.

2. horloge. Machine destinée à marquer et à sonner les heures.

3. haltère. Instrument de gymnastique formé de deux masses de fer sphériques réunies par une courte tige.

4. thermomètre. Instrument qui sert à marquer les changements de température.

5. bibliothèque. Armoire dans laquelle sont rangés des livres.

6. hameçon. Petit crochet de fer placé au bout d'une ligne qui reçoit un appât pour amorcer le poisson.

7. huilier. Ustensile propre à contenir les burettes d'huile et de vinaigre.

8. hélice. Appareil de propulsion formé d'un ou de plusieurs segments d'hélice.

9. jacinthe. Fleur d'une plante de la famille des liliacées; la corolle a six divisions égales; croît dans l'Asie moyenne et dans l'Europe méditerranéenne; ses feuilles sont lancéolées; la culture a obtenu une grande variété de jacinthes.

10. hortensia. Plante apportée de la Chine et du Japon; feuilles ovales, aiguës; fleur disposée en large corymbe et colorée ordinairement en rose ou en bleu.

11. dahlia. Plante d'ornement qui produit de très belles fleurs; a été introduite en France depuis un siècle et a été l'objet d'une culture pour ainsi dire générale; cette culture a produit de belles variétés blanches, violettes, jaunes, rouges et panachées de diverses couleurs.

12. chrysalide. État d'un insecte renfermé dans sa coque avant de devenir papillon; c'est le second état par où doivent passer la plupart des insectes pour arriver à l'état parfait.

13. hippocampe ou cheval marin. Genre de poisson de l'ordre des lophobranches, dont la tête a quelque ressemblance avec celle du cheval.

14. cantharide. Scarabée, genre d'insectes coléoptères d'un grand usage pour les vésicatoires; a les élytres d'un beau vert doré; est très commun en Espagne, en Italie et même en France.

15. hirondelle. Oiseau de passage qui paraît ordinairement au printemps, et qui émigre en automne; c'est un oiseau très utile et qui ne doit pas être détruit.

16. hémione. Espèce d'âne sauvage; a la tête grosse comme l'âne avec les formes de celle du cheval; les oreilles moins longues que celles de l'âne; son poil est de couleur isabelle; sa crinière est noirâtre; on rencontre l'hémione dans l'Indoustan.

17. hermine. Petit quadrupède blanc de la famille des martres, dont la peau est couverte d'une fourrure très précieuse; est un peu plus grande que la belette à laquelle elle ressemble beaucoup; habite le Nord; ne peut vivre dans les régions tempérées.

18. panthère. Du grand genre chat, a un pelage d'un fauve foncé, varié de six ou sept rangées de taches noires en forme de roses; n'habite que les forêts; ses yeux dans un mouvement continuel inspirent la terreur.

19. hippopotame. Grand quadrupède amphibie de la famille des pachydermes, que l'on rencontre près des fleuves d'Afrique; tête très grande; petits yeux; lèvres monstrueuses; peau épaisse presque nue.

20. rhinocéros. Grand mammifère pachyderme ayant une corne sur le nez; tête courte; oreilles longues en forme de cornets; naturel stupide, farouche et féroce; grande taille et force prodigieuse; vit solitaire dans les forêts de l'Inde, au delà du Gange.

21e Leçon. — *l*, non prononcé.

persil. Plante potagère de la famille des ombellifères; originaire, dit-on, de la Sardaigne; a été introduite chez nous en 1548; lorsqu'on la froisse, elle répand une odeur aromatique bien connue.

1. baril. Petit tonneau.

2. gril. Ustensile de cuisine pour faire cuire, sur le charbon, la viande, le poisson.

3. fusil. Arme à feu longue et portative.

4. persil. Plante potagère qui entre fréquemment dans les assaisonnements de nos aliments; a quelque ressemblance avec la ciguë qui est un poison violent.

22e Leçon. — *p*, non prononcé.

loup. Quadrupède sauvage et carnassier qui ressemble à un chien de forte taille; c'est un voleur nocturne de grands chemins; l'Angleterre est parvenue à s'en débarrasser grâce à sa position géographique.

1. compteur. Appareil qui marque les quantités de gaz d'éclairage ou d'eau que consomme une maison.

2. comptoir. Table avec compartiments sur laquelle les marchands de vin placent les bouteilles.

3. loup. A les yeux étincelants, brillants pendant la nuit; n'aboie pas comme le chien, mais hurle; l'odeur du carnage qu'il sent à plus d'une lieue l'attire; en Russie, ils se rassemblent en troupes nombreuses en hiver.

4. camp. Réunion de tentes qui abritent les soldats.

23e Leçon. — *s*, non prononcé.

souris. Petit quadrupède rongeur du genre rat; a la tête pointue, la queue longue, le pelage gris brun; timide par nature, elle est familière par nécessité; elle s'apprivoise facilement.

1. pardessus. Sorte de vêtement qu'on met par-dessus les autres.

2. cabas. Espèce de panier souple et plat en sparterie, jonc, paille.

3. cadenas. Petite serrure mobile dont la tige arquée passe dans deux pitons ou dans l'anneau d'un moraillon.

4. retroussis de la botte. Partie de la botte recouvrant le haut de la tige et qui simule la doublure retournée.

5. tamis. Instrument qui sert à passer des matières pulvérisées ou des liqueurs épaisses.

6. compas. Instrument à deux branches mobiles servant à tracer des circonférences ou à transporter des longueurs.

7. châssis. Encadrement en bois ou en fer, garni de vitres qu'on met sur une couche.

8. carquois. Étui à flèches.

9. matelas. Grand coussin piqué, rempli de laine, de bourre ou de crin, servant à garnir un lit.

10. treillis. Ouvrage de bois ou de fer, qui imite les mailles d'un filet; sert de clôture ou est appliqué contre un mur.

11. appentis. Petit bâtiment adossé contre un mur ou contre un autre bâtiment et qui n'a qu'un toit.

12. mors. Partie de la bride qui passe dans la bouche du cheval et sert à le gouverner.

13. lilas. Arbrisseau qui fleurit au printemps et présente de jolies fleurs en grappe, de couleur lilas ou de couleur blanche; est originaire de Perse et du Levant.

14. radis. Espèce de rave charnue; a une saveur piquante; est de couleur rose, blanche, rouge, violette, jaune, noire; il y a des radis à formes oblongues, allongées; d'autres, à racines courtes, arrondies.

15. oiseau de paradis. Oiseau des Indes, à longues plumes effilées; a le bec droit, le plumage velouté et d'un éclat métallique, le corps terminé par de longues plumes fines recherchées pour la parure.

16. souris. Petit rongeur du genre rat; il y a une variété de souris blanches que certaines personnes élèvent pour leur amusement; la souris ordinaire produit de grands dégâts.

17. chauve-souris. Petit mammifère qui a des ailes membraneuses; ressemble à la souris par la forme de son corps; a des yeux excessivement petits, et des oreilles souvent très grandes. Ce sont des animaux nocturnes qui passent l'hiver en léthargie.

18. brebis. Animal ruminant qu'on élève pour son lait, sa laine et sa chair; a le museau pointu, une longue queue laineuse, des oreilles allongées, étroites, écartées de la tête; animal très doux.

19. chamois. Genre d'antilope des montagnes; sa peau, préparée, est souple et forte; est de la taille d'une grande chèvre; montre une légèreté et une agilité remarquables; vit au milieu des rochers escarpés, où le chasseur le poursuit au milieu de mille dangers.

20. chien danois. Chien de chasse à poil ras, originaire du Danemark; a le corps élancé, les oreilles courtes, étroites et pendantes; il y en a de gris, de noirs, de variés de noir et de blanc; a peu de nez et montre peu d'intelligence.

24ᵉ Leçon. — *t*, non prononcé.

chat sauvage. Animal carnassier qui fréquente les forêts et manifeste tous les instincts de la panthère, du tigre, du léopard, etc., à l'égard des animaux plus faibles que lui.

1. pliant. Siège qui se plie et qui n'a ni bras, ni dossier.

2. sabot. Chaussure de bois d'un seul morceau, fabriquée par le sabotier.

3. grelot. Petite boule métallique, ronde et creuse, dans laquelle se trouve un morceau de métal qui la fait résonner.

4. montgolfière. Ballon primitif, ouvert à la partie inférieure et renfermant de l'air dilaté par la chaleur.

5. pont. Construction servant à traverser un cours d'eau ou un vallon.

6. croissant. Petit pain fait de pâte enroulée et qui a la forme du croissant de la lune.

7. coffre-fort. Coffre de fer, ou garni de fer, pour enfermer de l'argent, des valeurs, des bijoux.

8. puits. Trou profond, cylindrique et maçonné, où l'eau s'amasse pour l'usage des familles.

9. ressort. Lame de métal enroulée qui revient dans sa première situation lorsqu'il cesse d'être comprimé.

10. pot. Vase de terre ou de métal destiné à contenir une quantité déterminée de liquide.

11. tête de pavot. Capsule renfermant de la graine qui est soporifique; produit l'opium et l'huile dite d'œillet.

12. gousse de haricots. Enveloppe des semences de haricots.

13. abricot. Fruit de l'abricotier; est originaire de l'Arménie et a été importé à Rome au commencement de notre ère; on consomme le fruit frais, ou converti en marmelade et en pâtes.

14. artichaut. Plante potagère dont la fleur, avant de s'ouvrir, forme une tête composée d'écailles charnues à la base. Sa culture exige une terre profonde, fraîche et fertile; originaire, dit-on, de l'Égypte ou de la Sicile.

15. chat-huant. Genre d'oiseaux de proie de la famille des nocturnes, qui poussent, pendant la nuit, des cris sinistres et plaintifs; le fond de son plumage est grisâtre ou roussâtre; il n'a point d'aigrette.

16. marabout. Oiseau de l'Inde et du Sénégal; plus grand que la cigogne; a au milieu du cou un appendice charnu, semblable à un sac gonflé; est recherché pour ses plumes qui servent de parure.

17. manchot. Genre de palmipèdes qui n'ont que des moignons d'ailes; est de la grosseur d'une oie; a la tête noire, le dos couleur ardoisé et le ventre blanc; est un oiseau aquatique; nage très bien; vit dans les régions australes.

18. flamant. Grand oiseau de l'ordre des échassiers, dont le dessous des ailes est couleur de flamme; on rencontre le flamant dans l'Europe méridionale et en Afrique; il dort sur un pied et a une démarche embarrassée.

19. chat. Animal carnassier domestique qui détruit les rats et les souris, et que l'éducation peut rendre assez doux, mais qui conserve toujours l'instinct de cette race d'animaux à l'état sauvage.

20. éléphant. Le plus gros des quadrupèdes; à trompe en guise de nez et à peau rugueuse; est répandu en Asie et en Afrique; la trompe est une espèce de tuyau conique assez long pour toucher le sol de son extrémité.

25ᵉ Leçon. — *t*, non prononcé.

manchot. Oiseau du genre des palmipèdes; n'a que des moignons d'ailes; est impropre au vol; se tient généralement debout; sa chair, quoique huileuse, peut se manger et est souvent d'une grande utilité aux navigateurs.

1. gant. Partie de l'habillement qui couvre la main et chaque doigt séparément.

2. bois de lit. Meuble en bois destiné à recevoir le sommier, le matelas et les autres parties du lit.

3. lit pliant. Châssis en fer articulé, muni d'une toile rembourrée, destiné à recevoir la literie.

4. falot. Grande lanterne en métal, destinée à recevoir une lumière assez forte.

5. dent. Os enchâssé dans la mâchoire et destiné à broyer les aliments; il est important de se soigner les dents dès le jeune âge.

6. rabot. Outil de menuisier qui sert à aplanir le bois (varlope, plane).

7. volant. Morceau de liège ou coussin léger garni de plumes, qu'on lance avec des raquettes.

8. fagot. Assemblage de menu bois, de branchages servant à allumer le feu.

9. aimant. Oxyde de fer qui attire le fer et quelques autres métaux.

10. trident. Fourche à trois pointes ou dents, qui était le sceptre de Neptune.

11. canot. Petit bateau de forme ordinaire.

12. affût de canon. Support destiné à recevoir un canon placé généralement sur des roues.

13. chariot. Voiture à quatre roues pour les lourdes charges.

14. toit. Couverture en tuiles, ardoises ou zinc d'un bâtiment.

15. contrefort. Pilier en maçonnerie appliqué à un mur et destiné à consolider la construction.

16. escargot ou hélice. Est une espèce de mollusque; il y a des escargots de différentes sortes et de diverses proportions. Tous les escargots vivent d'herbes et de feuilles; en hiver ils ferment leur coquille; font souvent de grands dégâts dans la culture.

17. rat. Quadrupède rongeur, plus gros que la souris; vit dans les habitations où il cause des dégâts considérables; le surmulot lui fait une guerre acharnée.

18. bruant. Genre d'oiseau de passage dont font partie le verdier, l'ortolan ; vivent de grains, de semences et d'insectes, qu'ils tuent avant de les avaler ; les bruants sont en général recherchés comme gibier ; ils sont très imprévoyants.

19. pierrot. Personnage de la pantomime, habillé de blanc et la figure enfarinée.

20. maréchal ferrant. Artisan dont le métier est de ferrer les chevaux.

26ᵉ Leçon. — x, non prononcé.

paresseux ou bradype, quadrupède de l'ordre des édentés ; se meut avec une extrême lenteur ; quand il marche il est obligé de se traîner sur les genoux ; il est essentiellement grimpeur et vit sur les arbres au milieu des branches ; se nourrit d'herbe et de fruits ; on rencontre cet animal dans les contrées chaudes de l'Amérique, au Brésil, au Pérou, à la Guyane.

1. faux-col. Col empesé que l'on attache au haut d'une chemise dépourvue de col.

2. porte-voix. Instrument d'acoustique, en forme de trompette, destiné à faire entendre au loin des sons.

3. abat-voix. Couronnement d'une chaire à prêcher.

4. houx. Arbre toujours vert, dont les feuilles sont luisantes et armées de piquants ; fleurs blanches, baies globuleuses d'un rouge vif ; le bois de houx est blanc et peut recevoir un beau poli ; l'écorce fournit de la glu.

5. noix. Fruit du noyer, composé d'une coquille dure et d'une amande savoureuse dont on fait de l'huile ; avant leur maturité les noix sont connues sous le nom de cerneaux ; à cet état on en fait aussi une liqueur stomachique.

6. perdrix. Oiseau excellent à manger ; a un bec assez fort, le corps arrondi, les jambes courtes, la tête petite ; vit d'abord de chrysalides et de fourmis, et après va à la recherche des graines, du blé, etc. Les perdrix vivent en famille ; leur vol est bruyant, brusqué, rapide.

7. paresseux. A des bras qui ont le double de la longueur de jambes ; le poil long et grossier qui le recouvre tout entier est presque comme de l'herbe fanée, sa couleur est grise ; il est de la grosseur d'un chat ; se meut très lentement.

8. faux. Instrument dont on se sert pour faucher le foin et le blé.

28ᵉ Leçon. — e, non prononcé.

pensée. Fleur à cinq pétales colorées, de jaune, de blanc, de pourpre, de violet ; la pensée des champs ou pensée sauvage est une plante médicinale ; la pensée des jardins se cultive un peu à l'ombre.

1. porte-monnaie. Espèce de petit sac en cuir, ou en mailles de métal, à fermoir, dans lequel on met l'argent de poche.

2. houe. Instrument de fer, large et recourbé, pour remuer la terre.

3. toupie. Jouet de bois que font tourner les enfants à l'aide d'une ficelle et dont ils continuent le mouvement au moyen d'un fouet.

4. cheminée. Encadrement, ordinairement en marbre, faisant saillie dans la chambre, et dans l'ouverture duquel on fait du feu.

5. épée. Arme composée d'une lame et d'une poignée, que l'on porte suspendue au côté.

6. roue. Partie de la voiture comprenant un moyeu, des rais et des jantes retenues par un cercle de fer solide.

7. bouée. Appareil flottant indiquant un écueil en mer.

8. renommée. Divinité allégorique, messagère de Jupiter, pour faire connaître les crimes des dieux.

9. zagaie. Javelot dont se servent les peuples sauvages, composé d'un fer de lance portant, sur les côtés, des crochets aigus.

10. claie. Assemblage de barres verticales, plus ou moins rapprochées, servant à opérer la clôture d'un espace.

11. baie. Partie de mer qui s'avance dans les terres et où les vaisseaux trouvent un abri contre les tempêtes.

12. portée. Cinq lignes sur lesquelles on place les notes de musique.

13. haie. Clôture d'arbustes, d'épines, de branchages entrelacés.

14. pensée. Jolie fleur à cinq pétales et à couleurs plus ou moins vives et variées.

15. morue. Poisson de mer dont la pêche se fait sur une grande échelle ; ressemble au merlan, mais est peu connu du vulgaire dans sa forme naturelle, la morue nous arrive complètement défigurée ; habite, en général, la mer du Nord et les régions de Terre-Neuve (5 à 6 000 navires sont occupés à cette pêche).

16. plie. Poisson plat du genre de la sole ; a une rangée de dents tranchantes à chaque mâchoire ; les plies ont, la plupart, les yeux à droite ; elles vivent en général dans les mers d'Europe.

17. raie. Poisson de mer plat ; sa peau est lisse et mince et toujours enduite d'une abondante mucosité. La raie pond des œufs gros comme ceux de poule, bruns, dans une coque coriace de forme carrée, les angles prolongés en pointe ; elle habite en général l'Océan.

18. tortue. Animal amphibie qui marche fort lentement et dont le corps est couvert d'une écaille ou carapace bombée très dure sous laquelle il peut retirer, complètement, tête et pieds ; l'espèce commune se nourrit de jeunes herbes, d'insectes, de petits poissons, de limaces, etc.

19. oie. Gros oiseau de basse-cour ; est très vorace ; on retire de l'oie la plume et quelquefois la peau que l'on prépare comme peaux de cygnes, notamment dans le Poitou (pâtés de foie gras de Strasbourg, terrines de Nérac).

20. pie. Oiseau à plumage blanc et noir du genre corbeau ; vorace ; fait de tout sa nourriture ; les vignes, les champs de pois, de fèves, d'autres légumes ; les œufs et les petits oiseaux deviennent sa proie, mais, d'un autre côté, la pie se rend utile par la destruction de nombre de souris, de mulots, de gros insectes, de larves, etc. En automne, elle fait un amas de provisions.

Nom des objets figurant dans les 31ᵉ, 32ᵉ, 33ᵉ, 34ᵉ et 35ᵉ leçons.

31ᵉ Leçon

Singes — orang-outang — gorille — taupe — musaraigne — hérisson — ours — lion — lionne — tigre — panthère — jaguar — hyène — civette — loup — renard — loutre — chat — phoque — morse.

32ᵉ Leçon

Écureuil — souris — rat — lièvre — lapin — cochon d'Inde — castor — porc-épic — vache — bison — buffle — brebis — chèvre — chamois — chameau — dromadaire — lama — cerf — renne — girafe.

33ᵉ Leçon

Paresseux — tatou — fourmilier — éléphant — tapir — rhinocéros — hippopotame — sanglier — porc — cheval — âne — mulet — zèbre — baleine — dauphin — kangourou.

34ᵉ Leçon

Aigle — vautour — hibou — chouette — moineau — alouette — bergeronnette — merle — corbeau — pie — sansonnet — huppe — hirondelle — poule — coq — dindon — pintade — faisan — perdrix.

35ᵉ Leçon

Perroquet — perruche — grimpereau — toucan — flamant — marabout — cigogne — autruche — héron — butor — grue — aigrette — ibis — canard — oie — cygne — pélican — manchot — mouette.

Paris. — Imp. E. Capiomont et Cⁱᵉ, rue de Seine, 57.

Notes

www.ingramcontent.com/pod-product-compliance
Ingram Content Group UK Ltd.
Pitfield, Milton Keynes, MK11 3LW, UK
UKHW020108100726
13658UKWH00005B/2028